OTAL TRAINING &
HANDBOOK
NATURAL BODYBUILDERS

ボディビル
ハンドブック

クリス・アセート

はじめに

　僕は14歳か15歳でウェイトトレーニングを始めましたが、その頃ジムの中で知っている全ての大男達に同じ質問をぶつけました。「そこまでマッシブになるために何をしてきましたか？」すると大男達は、それぞれまったく違う答えを返しました。ある人は、大きさを得るには重いウェイトを扱わなければいけないと言いましたし、またある人は、筋肉を発達させるために、ハイレップスで筋肉を確実にバーンさせていると言いました。10人に質問すれば、ほぼ10の違った答えが返ってきたのです。すぐに僕は、ボディビルや大きくなることに科学的な考えや統一された考えはないのだと悟りました。どのようにすればあんな体になるのでしょう？　彼らは個々に独自のテクニックを使っていましたが、僕は良いと思ったいくつかのテクニックを使い、良くないと思ったものを省いていったのです。だからと言って、僕が良くないと思った考え方がインチキだということではなく、ただ良いと思ったテクニックが、単純に理解できるものだったのです。だから僕は、自分のプログラムから理解できない考え方を削除していったのです。
　ダイエットやニュートリションにおいても同じことをしました。ここでもみんなが僕に違ったことを話したので、それはもう、ひどく混乱したものです！　もちろん、おそらく皆さんは僕がしたことを推測できると思います。僕は、出会った中で最もよく脂肪が削ぎ落とされた男のダイエット法を使用したのです。にもかかわらず、振り返ってみれば彼のダイエットプログラムは、脂肪の少ない状態を保つことで有益な面はあっても、それと同じくらいの程度で成長に対して有害な面を持っていました。
　17歳のときに僕は、ボブ・グルスキンという名の友人と出会いました。彼の考えとトレーニング法は、僕にとって革新的なものでした。彼は僕自身が今日使用している方法の本当の基本になることを教えてくれました。彼は僕をジムへ連れて行き、僕の最初のトレーナーになったのです。彼は筋肉を大きくし脂肪を取りのぞくためには、どのように調理し食べるのかを見せてくれました。そして彼が教えてくれた中で最も重要なことは、非常に貴重な二つの教訓です。その教訓とは、コンテストで勝者となる者がたいてい最も献身的にハードにトレーニングしているということ。そしてまた、彼らこそが最も賢明であり、最も継続的なトレーニングとニュートリションのモニターであるに違いないということでした。
　僕は、素晴らしい写真を見たり、インスピレーションを得るために常にボディ

ビル雑誌に目を通していて、そんなときたまに、幾人かのチャンピオンボディビルダーによるトレーニング記事を読むことがあります。ただ、そうした記事のほとんどがゴーストライターによって書かれたものであり、それゆえ、そうしたトレーニングルーティンの多くが誤ったものであることから、僕はそこに書かれたものを実行することを控えました。また、早い時期に僕は、ボディビルがどのくらいつかみどころのないものかを知りました。一つ例を挙げると、17歳のときに僕は、自分が誰よりもハードにトレーニングしていると考えていました。とにかく僕のワークアウトは午後3時から5時まで続けられ、ときどき6時を過ぎたものでした。

　しかし、ニューヨークにいるボブ・グルスキンを尋ねたとき、60分以内でトレーニングを終えていました。僕は信じられずに腹を立てました。我々は通常よりも重いウェイトを扱い、特にネガティブの動作を強調しました。そして、ポジティブの動作ではかなり厳しく集中したのです。彼は僕の手の中のウェイトを単純に押し上げるのではなく、如何にして爆発させるかということを示してくれました。僕のトレーニングに比べれば、僕がそれまで行っていたトレーニングはたやすいものでした。良いワークアウトが何によって成り立っているのかを紙の上で表現するのは難しいことで、雑誌はチャンピオンボディビルダーがしているトレーニングを把握する上で適していません。ボディビルは精密な科学ではありません。多くの優れたボディビルダーはまったく違うトレーニング法を使うことで等しく成功を収めているのです。雑誌は幾人かのボディビルダーの違ったトレーニング法を掲載し、それらは読者を混乱させたままにしています。結局ジムでボディビルを実際に経験することが、ボディビルを学ぶ上で一番良い方法です。そしてこのことが、ローラと僕がボディビルキャンプを行っている理由です。このキャンプでは皆さんがメイン州に来て滞在し、直接我々から学ぶことができるのです。このキャンプへ参加すればボディビルについて雑誌を読むことはないのです。

　しかし、我々のキャンプに参加できない人達にとって、この本は、うまくいけば、ボディビルをより理解するための助けになるでしょう。そうなれば、今まで可能だと考えていたよりももっと筋肉を発達させることができるのです。僕自身が何年にも亙って学び、ピックアップしてきた全てのことがこの一冊にはわかりやすくまとめられています。

クリス・アセート

目次 (CONTENTS)

はじめに／2

第1章 トレーニング … 7

1. 何が筋発達を引き起こすのか … 8
筋発達と食事の重要性／8
3タイプある筋線維／9
Ⅱbタイプの速筋を刺激せよ！／10
Ⅱbタイプの速筋を刺激する方法／11
筋発達に関する根拠のない神話／12
筋肉の生理学／16
エネルギーシステム／18
まとめ／20

2. 筋量を増すためのトレーニング … 21
セット間休憩は長く、ワークアウトは短く／21
1部位3種目、1種目1セット／22
ワークアウトスケジュール／24

3. オーバートレーニング … 27
異化作用を招くオーバートレーニング／27
オーバートレーニングの主な兆候および症状／28
オーバートレーニングを防ぐために注意すべきこと／30
オーバートレーニングとサイクルトレーニング／32
まとめ／33

4. プラトーを打破する … 35
プラトーを打破する誤った考え／35
プラトーを破るトレーニングテクニック／36

第2章 食事法 … 41

1. あなたに合った食事を見つけよう … 42
ステップ1　除脂肪体重を知る／43
ステップ2　必要なタンパク質量を知る／43
ステップ3　基礎代謝量を知る／44
ステップ4　摂取可能な最大カロリー量を知る／44
ステップ5　3日間の食事記録をつけてみる／45
ステップ6　必要な炭水化物量を知る／46

付録／47

２．インスリン ……………………………………………48
インスリンと筋発達／48
インスリンと脂肪蓄積／49
インスリンをうまくコントロールする方法／51
血糖値を計る／53

３．グリセミック指数 ……………………………………57
筋発達のために食べる───最初のステップ／57
筋発達のために食べる───次のステップ／58
炭水化物の分解に影響を与える要素／60

４．水分補給と筋発達 ……………………………………63
水は大切な栄養素／63
細胞への水分補給と筋発達／65

５．効果的なサプルメントと上手な使い方 ………………67
年間を通して使いたいサプルメント／67
減量中にお勧めするサプルメント／72
オフにお勧めするサプルメント／75
お勧めできないサプルメント／77

第３章　減量 ………………………………………………79

１．太る原因を把握する …………………………………80
食べ過ぎは体重増加の原因ナンバーワン／80
１ポンドの脂肪を落とすには／81
高脂肪の食事は脂肪の蓄積につながる／82
炭水化物も脂肪の蓄積につながる恐れあり／84
筋肉におけるインスリン受容器官の感度を高めるボディビル／84
食物繊維は減量を助ける／85
運動はカロリーの分配能力を高める／85
インスリンとグルカゴンの比率を適正に保つことが脂肪蓄積を防ぎ筋発達を促す一番の方法／86

２．トレーニングと減量 …………………………………88
有酸素運動とボディビル／88
有酸素運動の限界／89
ボディビルのファットバーナーとしての効果／92

3．高脂肪ダイエット ……………………96
古き時代のトレーニングとダイエット／96
炭水化物は両刀の剣／97
脂肪よりもタンパク質／99

4．ハイカロリーダイエット ……………101
ハイカロリーダイエットのマイナス面／101
ハイカロリーダイエット理論のからくりを暴く／102
脂肪をつけずに筋肉をつける方法／103
タンパク質の重要性／105
脂肪の重要性／106
減量中でも赤身の肉を食べよ／108

5．女性とウェイトトレーニング ………110
ウェイトトレーニングの迷信／110
めり張りのある体を作るにもウェイトトレーニングが重要／111

第4章 コンテストプレパレーション 113

1．コンテストで勝つための10ポイント ………114
完全なピーク作りのために／114

2．コンテスト前の水分カット ……………120
利尿剤では厳しいカットは生まれない／120
水分カットは逆にウォーターリテンションを引き起こす／121

3．カーボローディング ……………………123
ベストコンディションを作る／123
成功と失敗の境目／126

4．サーモジェネシス効果 …………………128
サーモジェネシスと減量／128
サーモジェネシスを促進させるサプルメント／129

第1章

トレーニング

SESSION 1
何が筋発達を引き起こすのか

■筋発達と食事の重要性

　僕の記事を過去に読んだことのある人ならば、筋肉をつけ、脂肪を削るために重要な役割を果たしているのは食事だと、僕が考えているのが分かるでしょう。食事は、ずっと僕の関心の中心でした。結局のところ、正しい食事が、たるんだ体をバリバリの状態に変えるのです。
　もし、あなたが私のように考えているならば、質のよい筋肉をつけたいと願っていることでしょう。今日のボディビルダーは、かつてないくらい大型化しています。これは、正しい食事のお陰でもありますが、最も大切なのは、ただしいトレーニング方法の普及ではないかと思います。そう、ボディビルには、正しい方法と、ハードワークが不可欠なのです。
　筋肉をつければ、体は引き締まって見えます。質のよい筋肉をしっかりとつけたボディビルダーは、体脂肪率が10～12％あっても、それよりも体脂肪率が低く、筋肉も少ない、エアロビクスしか行っていない者よりも引き締まって見えるのです。このように、筋肉は人を引き締まって見せますし、筋肉こそが、ボディビルダーが望むゴールなのです。
　新しい筋肉をつけることは、至難の業です。個人的に思うのは、余分な脂肪をつけずに筋肉をつけるより、筋肉を残しながら絞ることのほうがずっとやさしいということです。
　新しい筋成長は、ジムで始まります。ウェイトトレーニングが、その起爆剤になるのです。しかし、どのトレーニング方法が一番か、ということになれば、それは非常に難しい問題です。ハイレップスを好む者もいれば、より重いウェイトを使ってローレップスで行うのを好む者もいます。一週間に6日トレーニングをするというビルダーもいれば、4日以上は行わないというビルダーもいるのです。一体、すべての人々に有効な方法というのはあるのでしょうか？　僕は、あると

思います。よく勉強しているボディビルダーたちが減量する際に従う食事法は共通しています。これと同じように、（筋肥大しにくい人にとっても）筋肥大を保証してくれるトレーニングテクニックがあるはずです。

■3タイプある筋線維

　筋成長のしくみを理解するためには、まず、どのように筋肉が収縮するのかを学ばなければなりません。ボディビルダーが発達させようとするすべての筋肉は、神経線維によってコントロールされています。そして、神経興奮が強ければ強いほど、筋収縮も強くなるのです。

　筋収縮を支配するのは、神経系です。それは、大脳、脊髄、そして末梢神経線維から成っています。筋肉が収縮するためには、大脳がメッセージを、脊髄を通じて筋肉に送らねばなりません。大脳は、脊髄を通じて、筋肉に、どの程度収縮すべきかを伝えるのです。この場合、"心理的限界を超える（心理的限界が生理的限界に近づく）"ということが起こることがあります。このような状況下では、鍛えられていない人が、車の下敷きになっている被害者を助け出すことができるのです。運動単位は、神経と筋線維の網状組織で、そこで神経からの最終メッセージが筋肉に伝えられ、収縮が起こります。すべての運動単位が同じという訳ではありません。小さなものと大きいものがあるのです。小さな運動単位は、眼球を動かしたり、指をさしたり、といった複雑な動きを司ります。そして、このような細かな動きは、遅筋線維を刺激します。これに対して、スクワットやベンチプレスといった大きな動きには、大きな運動神経単位が必要で、それは速筋線維を刺激します。

　筋線維には、3つのタイプがあります。それぞれの特徴をまとめてみましょう。

◎遅筋線維（タイプⅠ）
・小さな運動神経単位に支配される
・大きなミトコンドリア（脂肪を燃焼する筋肉の一部）
・血液の供給がいい
・脂肪を燃料として使う
・小さなサイズの線維
　この線維は、長距離のような耐久スポーツに適しています。疲労に対する抵抗力があり、脂肪をエネルギー源として使えるからです。また、継続的なトレーニングによって、ミトコンドリアが大きくなり、さらに脂肪を燃料として使いやす

くなります。しかし、筋肉自体のサイズは増えません。

◎速筋線維（タイプⅡa）
・大きな運動神経単位に支配される
・血液の供給がいい
・脂肪を燃料として使い、糖や炭水化物も少しながら燃料として使う
・普通サイズの線維
・肥大（成長）の可能性は平均的
　この線維は、12レップス以上のウェイトトレーニングに反応します。より少ないレップスでも、それほど激しくないトレーニングの場合、やはりこの線維を使います。脂肪を燃料源として使い、割合的にそう多くはありませんが、筋肉中のグリコーゲンも使います。トレーニングに反応して肥大します（ある程度）。

◎速筋線維（タイプⅡb）
・大きな運動神経単位に支配される
・耐久性に乏しい
・血液の供給が悪い
・糖を燃料として使う
・大きなサイズの線維
・肥大（成長）の可能性は大
　この線維がボディビルには最も適していて、4～10レップスで反応・肥大します。

■Ⅱbタイプの速筋を刺激せよ！

　ボディビルに最も適したレップ数は、4～10の間です。10レップスで1セットというごく普通の方法で行った場合、タイプⅡaの線維が、まず最初に動員されます。ここで、そのセットが楽にこなせた場合は、Ⅱaタイプの速筋を動員し、刺激したことになります。しかし、それらの肥大の可能性は限られたものです。
　これが、同じ1セットでも、やっと4～10レップスができる場合は、セットの最後の方で、Ⅱbタイプの速筋が動員されます。そして、このタイプの筋線維を刺激することが筋成長を促す、最も速く、最も効率的な方法なのです。なぜなら、このタイプの筋線維は、肥大の限りない可能性を秘めているからです。普通の強度を用いてハイレップス・ハイセットで行った場合も、ある程度の筋発達は可能

第１章：トレーニング

Ⅱｂタイプの筋線維を刺激することが、筋成長を促す最も早く、最も効果的な方法です

ですが、著しい筋発達は、その個人の限界まで追い込んだ時にのみ起こるのです。何セットか行った場合、セットを追うごとに辛くなってくるでしょう。この辛いセットの間はタイプⅡａの速筋が働いています。さらに辛く、フィニッシュするのが難しくなってきたときに、タイプⅡｂの速筋が動作に加わってくるのです。

ハイレップスで限界まで追い込むことが、筋発達に効果的だと信じているビルダーもいます。彼らは15～25レップスがいいと思っているようですが、これではタイプⅡａの線維は刺激できても、Ⅱｂタイプの線維は刺激できません。あなたが本当の意味の発達を望んでいるなら、適切な線維を鍛えることです。

■Ⅱｂタイプの速筋を刺激する方法

筋肉線維の動員と収縮は、脳から始まります。まず大切なのは、ヘビーウェイトを４～10レップスの範囲で、きっと上げることができると信じることです（火事場の馬鹿力といわれる心理状態）。そして、Ⅱｂタイプの線維を動員するために十分なだけの大きな運動神経単位を喚起しなければなりません。Ⅱｂタイプの線維を刺激するのは、何といっても大きな運動神経単位なのですから。では、この大きな運動神経単位を働かせる方法をこれから述べましょう。

11

①最初のステップとして、ウォーミングアップを終えたら、4〜10レップスしかできないようなヘビーウェイトを選びましょう。
②それぞれのレップのコンセントリック（リフティングまたはポジティブ）部分で、爆発的挙上を行うようにしてみてください。爆発的挙上によって、より多くの大きな運動神経単位が動員されます。
③最初の爆発的挙上の後は加速しましょう。ヘビーウェイトをなるべく速く押し上げることは、力を引き出し、Ⅱb線維を動員する最もよい方法です（Ⅱb線維は著しい成長の可能性を秘めていますから）。十分な重さのあるウェイトを選べば、この加速のテクニックは危険なものではありません。バーベルの重さが、過度のロックアウトを防いでくれ、関節を怪我から守ってくれます。
④ポジティブ・フェイリアーまで追い込みましょう。ポジティブ・フェイリアーとは、リフターが、4〜10レップスのうちの最後のレップをフィニッシュするのが非常に困難だと感じる場合のことです。こういった場合、最後のレップをやり遂げるためにスポッター（補助者）に助けてもらうのはいい考えだと思います。もし、限界まで追い込みたいのに、スポッターがいない場合、線維を完全に動員する前に、ウェイトをラックに戻せざるを得なくなってしまうからです。

■筋発達に関する根拠のない神話

　プラトーに突き当たってしまったり、思うような成果が得られないといったことは、しばしば起こります。というのも、ボディビルのトレーニングは他のスポーツに比べ、根拠のない神話に満ちているからです。どこか際立った部分をもつボディビルダーに、どうやってそんなサイズにしたのかを尋ねたことがありますか？　答えは多分、曖昧で、他の平均的素質の持ち主には適用できないものでしょう。その方法は、もともとその部分がすばらしい、いわば素質のある者にはいいかもしれませんが、あなたには効果がないかもしれないのです。ですから、科学に基づいた、正しい方法でトレーニングを行う必要があるのです。誤ったトレーニングをしてもなお成長するのは、遺伝的に恵まれたものだけです。あなたが僕のようであるならば（平均的素質の持ち主）、正しくトレーニングしない限り、体は発達しません。
　非効率的なトレーニング方法をいくつか述べてみましょう。しかし、これらは、筋発達にいいと考えられ、よく使われているものです。

①ハイレップス

第 I 章：トレーニング

　ハイレップス・トレーニングは、ボディビルダーの狙うもの、つまり、Ⅱbタイプの速筋の動員を引き起こしません。ハイレップス・トレーニングは、筋肥大というよりも、Ⅱaタイプの線維を通じて、筋肉の耐久性を高めるのです。ハイレップス・トレーニングが筋成長を促すと主張するボディビルダーも多いですが、このタイプのトレーニングは、筋細胞中の筋形質を一時的に拡張するだけです。筋形質が拡張することにより、一時的に、カリウム、マグネシウムといったミネラルやグリコーゲンが筋肉に溜め込まれますが、著しい成長は起きません。こういった、筋肉中の液体貯溜は、アナボリック・ステロイドによっても起こります。

②スーパーセット
　スーパーセットとは、あるエクササイズを行った後に、休憩をほとんどか、あるいは全く取らずに別のエクササイズを行うことで、これは筋肉をよりハードに仕上げようとするボディビルダー達が使っているトレーニング方法です。スーパーセットの例としては、たとえば胸の場合ですと、インクラインダンベルプレスを行ったすぐ後にケーブルクロスオーバーを行う、といった感じになります。僕個人の意見を述べるならば、スーパーセットはあまりお勧めしません。なぜなら、ボディビルダーが筋量を増やすため、または維持するために行うべき1セット当たりのレップ数のうち、最大である12レップスを越えることになるからです。それに、二つのエクササイズを休憩をはさまずに行えば、最初のエクササイズか、もしくは二番目のエクササイズのどちらかで、全力を出し切れなくなります。これでは筋肉を維持、発達させることはできません。つまり、これ以上のレップはもう行えないという自分の限界までセット行うこと（6〜12レップスの間で）が、筋発達や筋量維持にとって必要な基本だからです。
　あなたのゴールは何か、今一度見直してみてください。体脂肪が少なく、しかも筋量のある体がコンテストで勝利を収めます。ですから、脂肪は落とさなければなりませんが、同時にオフシーズンにつけた筋量は維持しなければなりません。そのために、脂肪を減らすのは、主に食事、それに有酸素運動で行うべきです。そして筋量を維持するためには、やはり筋肉を発達させるような重さのウェイトを扱うことです。しかし、スーパーセットを行えば、あなたが以前使っていたような重量を扱うことはできなくなるでしょう。それゆえ、筋量を維持することはできなくなり、コンテスト当日には、フラットな状態でステージに立つことになってしまいます。
　また、スーパーセットは、心拍数を上げ、より多くのカロリーを燃やすので、

あなたのワークアウトをより有酸素運動的にすることになります。しかし、有酸素系の運動を行っているアスリート達を見てください。皆やせています！これはあなたの望む体ではないと思うので、そうするかわりに筋肉を発達させるということをまず第一に頭において、コンテストのその日まで、ヘビーウェイトを扱うように頑張りましょう。コンテストの前に少しぐらい重量が減っても、それはかまいません。しかし、大幅に減るようでしたら、それはオーバートレーニングか、オーバーダイエット、もしくは有酸素運動のしすぎです。減量中も筋肉を発達・維持させるような重量を扱うよう努め、もし脂肪を燃やすのに有酸素運動が必要だと感じたら、ステーショナリーバイクをこぐか、トレッドミルの上を歩きましょう。無酸素運動（ウェイトトレーニング）を有酸素的にしないことです。

このように、ハードで、しかもハリのある状態でコンテストに臨むためには、ワークアウトの方針は変えないことです。そのかわり、脂肪を落とすためには、じっくりと時間をかけてカロリー調整と適度な有酸素運動を行うことが大切です。

このスーパーセットに代わるものとして、2つの異なる部位（拮抗筋）を4～10レップスがギリギリできる重量で行う方法が考えられます。もう一つのよい方法は、同じ部位に対して2つのエクササイズを選びますが、1つのエクササイズを4～5レップスしかできない重量で行った後、次のエクササイズも4～5レップスしかできない重量で行うというものです。これらの方法を用いれば、Ⅱb線維を刺激することができるでしょう（SESSION 4参照）。

③スローモーション・トレーニング

このタイプのトレーニングでは、通常中くらいの重さのウェイトが使われます。そして、ゆっくりとウェイトを上げ（爆発的でも加速的でもありません）、エキセントリック部分では、しっかりとコントロールし、10秒くらいかけてウェイトを下ろします。このトレーニング方法が有効でないのは、中程度の重さのウェイトを使用する点です。それはⅡb線維を刺激しませんから。

筋肉は、一般的に、エクササイズのエキセントリック部分ではコンセントリック部分（リフティング・パート）に比べ、50％強いものです。ですから、より良い方法は、なんとかして、上げた重量よりも50％重いウェイトを下ろすようにすることなのです。理想的には、4～10レップスしか上がらないような非常に重いウェイトを上げ、それよりも50％重いウェイトを下ろすことです。例えば、あなたが200ポンド（90kg）でベンチプレスを行うとしたら、300ポンド（135kg）で下ろしてくればいいのです。ライフサイクルで有名なライフフィットネス社では、この原理を生かしたマシンを作っています。また、この原理は、プリーチャーカ

ール、レッグ・エクステンション、レッグ・カールをはじめ、いくつかのエクササイズで使うことができます。例えば、僕がレッグ・カールを行うときは、自力でできる最大限のところまでやった後、パートナーにウェイトを押させ、できる限りの抵抗を加えてもらい、それに耐えるようにしています。

④プレエグゾースト・トレーニング（事前疲労トレーニング）
　このタイプのトレーニングとは、ベーシック・エクササイズ（基本種目／例えばベンチプレスのような）の前に、アシスタンス・エクササイズ（補助種目／例えばケーブルクロスオーバーのような）を行うものです。事前疲労の目的は、相助作用的、補助的な筋肉の果たす役割を減らすことにあります。しかし、それは同時に、ベーシック・エクササイズで必要とされる力をも取り去ってしまうのです。ベーシック・エクササイズは、運動神経単位と筋肉を最も使うものです。ベーシック・エクササイズこそが最も早く、最も効率的に筋肉を作るのです。ベンチプレスやスクワットの方が、ケーブルクロスオーバーやレッグ・エクステンションなどよりもずっと多くの筋肉を使うのです。それなのに何故、ベーシックに劣るエクササイズで筋肉を疲れさせなければならないのでしょう。筋量をつけたいならば、まずベーシック・エクササイズを優先すべきです。それからアシスタンス・エクササイズに移行すればよいでしょう。

⑤ヘビー＆ライト・システム
　これを、筋肉作りに有効な手段である計画的なサイクル・トレーニングと混同しないでください。ヘビー＆ライト・システムは、ただ負荷の重い日と軽い日を設けるものです。この方法は、回復を促進するかもしれませんが、やはり僕は、常にヘビーに、4～10レップスの範囲で行うのがよいと思います。もちろん、全身が（そのトレーニングに）適応し、調子よく感じる場合の話ですが。そのためにも、ワークアウトの間には、しっかりと、完全な休息を取り、十分に回復させてやらなければなりません。
　Ⅱbタイプの速筋線維は、頑固で、抵抗力があります。それらは、なかなか動かし難いのです。ですから、トレーニーは、4～10レップスしかできないようなヘビーウェイトで、しかも各レップにおいては爆発的、加速的動作を用いて、これらの線維を動きに参加させなくてはならないのです。軽いトレーニングでは、怠け者のⅡb線維を決して動員することはできません。軽いトレーニング、ハイレップスまたは量の多いトレーニングは、Ⅱa線維をターゲットにしたものです。この線維は、筋肥大という点からすれば劣っています。オールアウト・トレーニ

ングのみが、Ⅱb線維を動員し、成長させるのです。

　ここで大切なのは、オールアウト・トレーニングは、十分な休息を必要とする、ということです。たとえジムで100％の努力をしようとしても、疲れていれば、成長することはないでしょう。一生懸命やっているつもりでも、扱える重量は本来できるはずのものよりも軽く、爆発的挙上や加速のテクニックを行おうにも、その能力は限定されてしまいます。

　ヘビートレーニングで成功する鍵は、セット間、およびワークアウト間に、十分な休息を取ることです。ほとんどのトレーニーは、ワークアウト間に十分な休息を取っていません。ですから、成長を引き出すのに十分なだけ、自分を追い込むことができないのです。事実、ほとんどの者が、量が多く頻繁なワークアウトの結果、オーバートレーニングに陥り、十分ハードにトレーニングできていないのが現状ですから。

■筋肉の生理学

　体は、3つの異なる種類の筋肉でできています。骨格筋、心筋、平滑筋です。心筋は、心臓に見られる筋肉です。平滑筋は、ほとんどの内臓器官に見られる筋肉です。そして、骨格筋が、遅筋と速筋に分類されるのです。

　骨格筋の生理学は、非常にややこしいものです。理解しやすくするために、ここでは生理学をバラして、一つ一つ順を追って説明していきましょう。**(図1参照)**。

　すべての筋肉は、筋線維からできています（遅筋と速筋）。すべての筋線維は、その筋肉の始まり（起始）から終わり（停止）まで全体に走っています。

　すべての筋線維は、何千という筋原線維を含んでいます。この筋原線維は、筋節と呼ばれる小さな単位から成っています。筋節は、アクチンとミオシンを含んでいます。

　アクチンとミオシンというフィラメントは、筋原線維の端から端まで、相互に規則正しく配列しています。筋原線維の終点では、アクチンとミオシンは、交差しています。（神経刺激の結果として）カルシウムイオンが現れることによって、アクチンとミオシンは、共にスライドし、相互に影響し合います。これが、筋収縮と呼ばれるものです。

　筋肥大は、Ⅱbタイプの速筋線維を刺激することによって起こります。このⅡbタイプの速筋線維を刺激することは、筋線維中の筋節の数を増加させ、また、それぞれの筋節中のアクチンとミオシンのサイズをも増加させるのです。

第1章：トレーニング

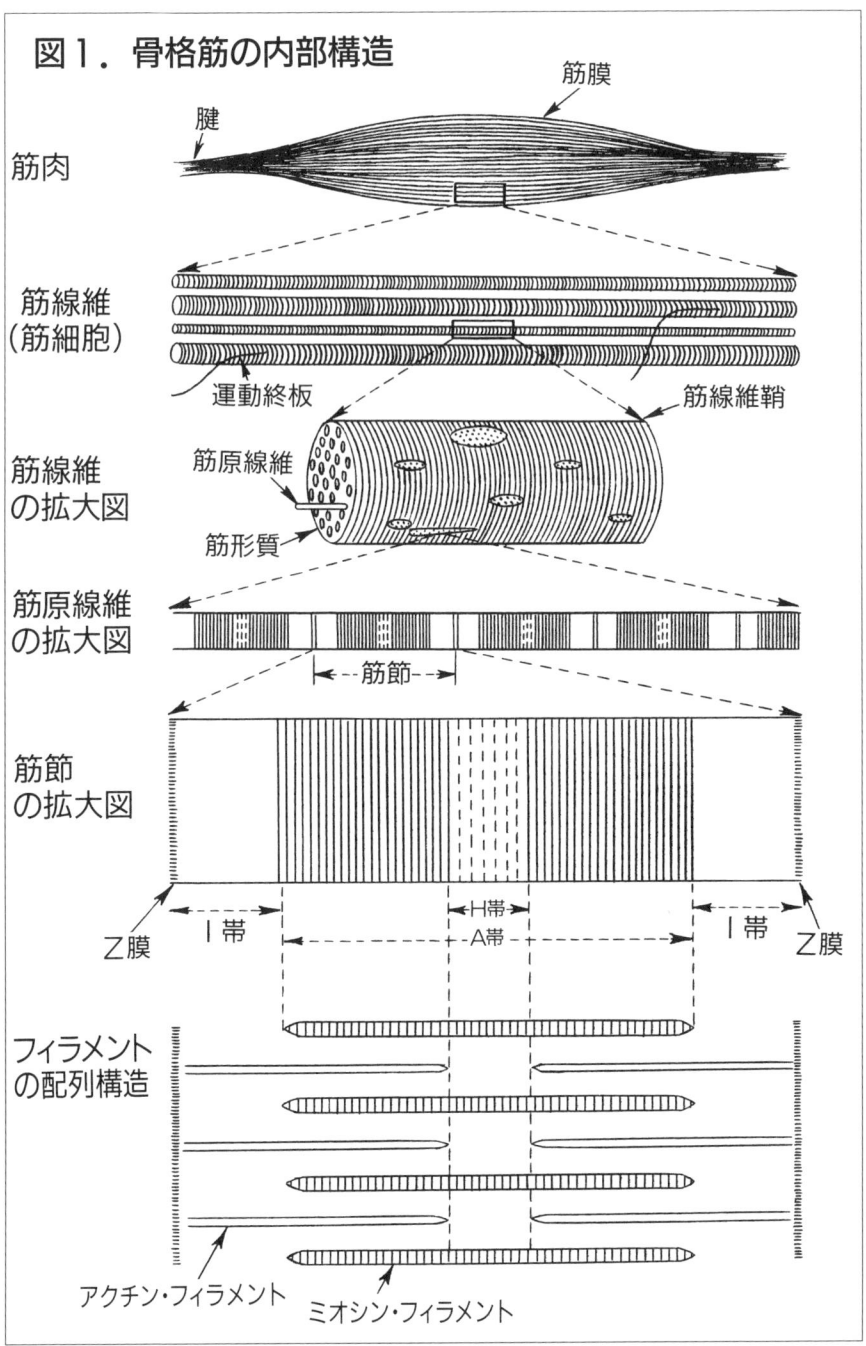

■エネルギーシステム

①ATPシステム

　筋肉を動かすためには、人間の体に、絶えず化学的なエネルギーが補給されなければなりません。筋肉の収縮や成長を含む、身体的な運動に必要な燃料は、我々が食べている食物から得られます。体における究極のエネルギー源は、炭水化物や脂肪、タンパク質ではありません。体はすべてのエネルギーを、ATPから得ているのです。ATPは、食物が利用可能なエネルギーに変換される際の化学反応によって生成されます。ですから、体の究極のエネルギー源は、ATPということになるのです。

　ATP（アデノシン三リン酸）は、消化、循環、分泌、神経伝達、筋収縮、そして筋成長に使われます。その名が示すように、ATPは、3分子のリン酸がアデノシンと結び付いたものです。ここから一つのリン酸が離れたときに、大量のエネルギーが生産されるのです。体内のすべての細胞が、生命を維持するために、このエネルギーを使っているのです。筋肉だって、もちろん例外ではありません。ここで残った分子は、ADP（アデノシン二リン酸）として知られています（**図2参照**）。

②CPシステム

　ATPは、細胞中のエネルギー源として働きますが、一度に3オンスと、その量は限定されたものです。これは、たった2、3秒の運動しかできない、少ない量です。ですから、ATPは絶えず再合成される必要があります。

　クレアチンリン酸（CP）というものが筋肉中にはあります。実は、筋肉中には、ATPの3倍の量のCPが存在しています。このCPが分解され、クレアチンリン酸になった時の方が、ATPからリン酸が離れた時より多くのエネルギーを生産するのです。このように、CPの分解がより多くのエネルギーを生むので、容易にATPの再合成が行われる訳です。今述べてきたような一連のCP-ATPシステムは、最大8～15秒の運動分のエネルギーしか供給しません（**図3参照**）。

③グリコーゲン—乳酸システム

　8～15秒の運動の後には、グリコーゲン—乳酸システムが働き始めます。筋肉中のグリコーゲンがグルコースに分解され、グルコースがエネルギーとして供給されるのです。グルコースの各分子は、2分子のピルビン酸になり、それが2分

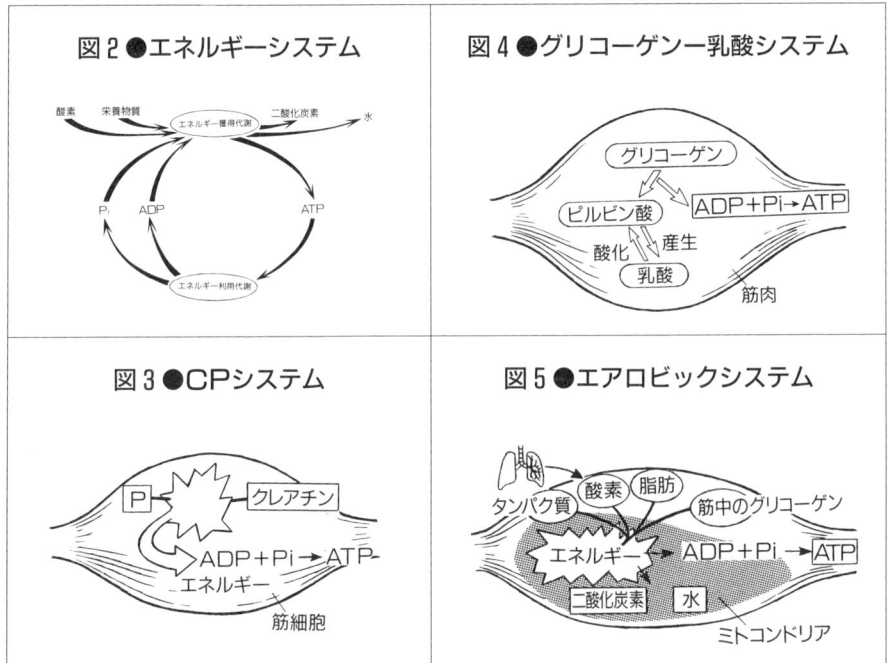

子分の新しいATPを作るのです。2分子分のATPは、およそ40秒間のハードトレーニングを可能にします。これは、1セットを終わらせることができる時間です。

　ピルビン酸の多くは、乳酸になり、筋肉中から血中に放出されます。大抵のボディビルダーは、乳酸を疲労物質だと思っているようですが、これは違います。実は、セットを終えた後、乳酸はピルビン酸に再変換され、最終的にはATPを生産するのです（図4参照）。

　もちろん、乳酸にはマイナス面があります。乳酸が血中に放出されると、血液の状態が変わります。そう、より酸性になるのです。この酸性状態は、蓄えられている炭水化物をグルコースとATPに分解してくれる酵素のいくつかを、不活性化してしまいます。だから、疲労が生じ、運動が困難になるのです。

④エアロビック・システム
　エアロビック・システムは、食物の酸化を利用して、ATPを生産します。エクササイズが継続的なものになれば、エネルギー・システムは、エアロビック・システムに変わります。エアロビック・システムは脂肪を燃料として酸化し、ATP

を生産します。ランニング、ステアマスター、エアロバイク、トレッドミルのような運動が、このシステムを使うものです（**図5参照**）。

■まとめ

　今までの情報を総合してみると、筋肉をつけるのに最適なワークアウトに関する、いくつかの基本的な事柄が導かれます。すべてのボディビルダーは、4～10レップスしかできないような高重量を、トレーニングの基本とするべきです。最後の1レップ、2レップは成し遂げるのが非常に難しいでしょう。ヘビーウェイトは、筋収縮を引き起こすために、強烈な神経興奮を必要とします。爆発、加速、そしてハイレベルな精神集中、これらすべてがⅡbタイプの速筋線維を動員するのに役立ちます。このⅡbタイプの速筋線維こそが、最も高い成長能力をもつものです。

　エクササイズのネガティブ部分は、怪我を防ぐ意味でも適度にコントロールされるべきです。ただし、あまりゆっくりになり過ぎないように。

　CP-ATPエネルギー・システムがほとんどのセットにおける主なエネルギー供給源です。セット間に十分な休憩を取ることは、ATPの再合成を確かなものにします。グリコーゲン―乳酸システムもまた、ワークアウトに関与し、筋肉中に蓄えられているグリコーゲンを燃料源として、ATPを生成します。ハードトレーニングは、血中の乳酸の量を増加させ、ATPの生産を妨げます。ですから、セット間の休憩は、乳酸が血液から取り除かれるのに十分なだけ長く取るべきです。

　大きな筋肉であればあるほど、セット間の休憩は長く取るべきです。脚や背中のような大きな筋肉は、少なくとも2分はセット間休憩を取るべきです。そうすれば、CPからATPが再合成され、血中からも乳酸が除去され、より多くのATPが生成されるのです。焦ってセット間の休憩を短くした場合、各セットからの素早い回復が妨げられますし、重いウェイトを扱うこともできなくなります。

SESSION2
筋量を増すためのトレーニング

　我々ボディビルダーにとって、トレーニングすることの最大の目的は何でしょうか？　持久力を得ることですか、それとも瞬発力を得ることですか？　はたまた、パワーリフターのような力をつけることでしょうか？　ここでは、回復を最大にすることによって、最大の筋発達を可能にする、最高のワークアウトシステムについて考えてみましょう。

■セット間休憩は長く、ワークアウトは短く

　まず最初に、前に述べた内容を、要約してみたいと思います。
　筋肉を発達させるためには、徐々にウェイトを重くしていかなければなりません。ですから、すべてのエクササイズに関して、使用重量を上げて行くことを念頭に置かなければならないのです。
　そして、サイズとストレングス両方をつけるのに最もよいレップ数は、6～10です。6レップス以下だと、ストレングスは増しますが、サイズは必ずしも増えるという訳ではありません。逆にハイレップス（12レップス以上）は、筋肉の持久力を増加させるだけです。
　各レップは、加速を伴う速い動作で行わなければなりません。偉大なスプリンターであるカール・ルイスのことを考えてみてください。彼の100メートル走は、最初の50メートルより後半の50メートルのほうが速いのです。このルイスのレース全体を通じた加速の能力こそが、各セットでボディビルダーに求められているものです。ウェイトを"上げて"はいけません。ウェイトを"爆発させる"のです。
　最後に、セット間の休憩は短い方が筋発達にいいなどと、誤って信じ込まないことです（アメリカの雑誌に欺かれてはいけません）。真実は、セット間の休憩が長く、時間の短いワークアウトが、筋発達には最もいいのです。
　時間の長いワークアウトは、非生産的です。それは、大量のカロリーを消耗し、

体の自然な回復プロセスを妨げてしまい、結局、オーバートレーニングへとつながるのです。オーバートレーニングとは、体が回復できず、莫大なエネルギー消耗とストレスにさらされることです。体がオーバートレーニングに陥ると、筋肉は減り、脂肪は増えます。これはボディビルダーが最も避けたい状況ではないでしょうか。

体は、時間の短いワークアウトによりよく反応します。一回のワークアウトを一時間以上行わないでください。この短いワークアウトの中で、僕が今までに述べてきたように、加速のテクニックを使い、6～10レップスというレップ数を守ってください。これらのテクニックを使えば、多くのセットは必要なくなります。しかしながら、各セットは、6～10レップスやっとできる重量で行うべきです。そのためには多くのエネルギーが必要となりますし、セット間の休憩も十分に取らなければなりません。ですからまず、心拍数が普通に戻るのを待たなければなりません。心拍数が下がらないうちに、次のセットに取りかからないでください。また、セットを終えたとき、疲れを感じてしまうことだってあるでしょう。そんなときは、気分がフレッシュになり、前のセットで鍛えた筋肉に力が戻り、完全に回復したと感じるまでは、次のセットを行ってはいけません。

脚や背中などの大きな筋肉は、特にセット間休憩を長く取るべきです。スクワットや、レッグプレス、デッドリフト、ベントオーバーローのようなエクササイズは、インターバルを4分取ってください。上腕二頭筋や三頭筋のような小さな部位は、インターバルが短くてもいいでしょう（1分くらい）。セット間の休憩があまりに短いと、回復が十分ではなく、6～10レップスがやっとというような高重量を扱えませんから。

■1部位に何セット必要か

すべての初心者、中級者に僕がお勧めする種目数は3つです。その各種目に対するセット数は、筋肉のサイズによって違いますし、初心者の人は中級者や上級者ビルダーよりも多くのセットを行わなければなりません。それは初心者は軽いウェイトを使って正確な動作、効かせ方のテクニックなどを学ばなければならないからです。その為、上級者のようにウェイトが上がらなくなる限界までトレーニングを追い込む必要はありません。ですから、初心者があまりに少ないセット数でトレーニングをすることは、学ばなくてはならない基本フォームを習得することが難しく、怪我をする危険性が高いと言えるでしょう。また実際、初心者の人は筋肉がウェイトトレーニングにまだ慣れていない為に、中程度のウェイトで

第 I 章：トレーニング

イラスト／印度更紗

1セット6〜10レップスがやっとという高重量で、加速のテクニックを使いながら爆発的挙上を行う。一方、セット間の休憩は心拍数が正常に戻り、前のセットの疲労が完全に取れるまでたっぷり取る。そして、ワークアウト全体の時間を短くすることが、筋量を増す最も効率の良い方法です

も十分筋肉に刺激を与えることができ、ヘビーウェイトを使わなくても筋肉を発達させる事が出来るのです。

　次に中・上級者に対してです。筋肉の発達は、筋肉にストレスがトータルでどれ位かけられたかで決まります。それにはセット数、レップ数も関係ありますが、扱うウェイトが最も重要な要素となります。しかも、そのウェイトが正しいフォームで扱えるということが、筋肉の発達と大きな相互関係を持っています。1セット法を奨励する人は、1セットで限界まで最大の努力をする事で十分に筋肉の発達が得られると主張していますが、ここで見逃してはならない事は、どんなボディビルダーでもセット間の休みを十分に取っていれば（呼吸が通常に戻る程度）、「最大限の努力」を要する限界までのセットを再び行う事が出来るということです。つまり1セットでは、完全に筋肉をオールアウトさせているとは言えません。ただ、ヘビーデューティー法やハイボリューム（多くのセットを行う）トレーニングで効果のある人もいますが、これらの人は生まれつき良い遺伝を持ったごく限られた人達です。

　また1セット法のトレーニングでは、体脂肪をコントロールするカロリーの燃焼はほとんどなく、しかも1セットではアナボリックホルモンの分泌を刺激する事もありません。その為、体脂肪のコントロール、アナボリックホルモンの分泌という面からも、多少のセットを行う必要があるということです。

　しかし、ここで注意しなくてはいけない事は、あまりにも多くのセットをやり

過ぎてはいけないという事です。セット数が多ければ、どうしても後のセットでの扱う重量が減少する為に、筋肉に対するストレスを高めるというよりは、単に疲労させるだけで、オーバートレーニングに陥り易くなると言えるでしょう。さらに、セットをやり過ぎる事は成長ホルモンを無駄に排出し、しかも免疫システムにダメージを与える可能性があります。

一般的に、各部の筋肉に対して行う適切はトータルセットは、筋肉のサイズによって決まります。小さな筋肉である上腕二頭筋や上腕三頭筋、カーフはトータル各4～6セット、背中、肩、胸、そして脚は大きな筋肉である為、各8～12セットを行えば十分でしょう（共に1～3セットのウォーミングアップを含む）。

■ワークアウトスケジュール

筋肉は休んでいる時に発達する、というのは、科学に基づく事実です。トレーニングのセットが多すぎたり、トレーニング頻度が高すぎたりする場合、体の回復メカニズムが狂い、筋発達が止まってしまいます。ですから、休息が十分に取れるような、ワークアウト・スケジュールを立てることが大切なのです。

僕が使っていて、皆さんにお勧めできる基本的なトレーニング・スケジュールが4つあります。

一つは、3日オン1日オフという分割です。おわかりかとは思いますが、3日で全身をトレーニングした後、1日休むというものです。部位に関しては、組み合わせが幾つか考えられますが、僕が好きなものは、次の通りです。

DAY1　胸、背中
DAY2　脚、カーフ
DAY3　肩、腕、腹筋
DAY4　休み

4日目は、体を完全に休めるために設けられています。5日目以降は、このルーティーンを繰り返せばいいのです。脚は、上体に休息を与えるために、わざと中日に挟んであります。これは、良い分け方と思いますが、中にはきついと感じる人もいるでしょう。5、6サイクル行った後に、エネルギーレベルの低下、体力の弱まりを感じる人がいるかもしれません。

そこで、3日オン1日オフのパターンがキツイと感じる人のために、4日オン1日オフ、というやり方を紹介しましょう。これだと、少しペースを落とすこと

第 1 章：トレーニング

ができます。全身を鍛えるには、むしろ 4 日あった方がいいかもしれません。こうすることにより、一回のワークアウト時間が短くなり、完全な回復が得られます。なにしろ、ヘビーウェイトを使った短いワークアウトが大きな筋肉を作るのですから。さて、僕がお勧めするのは、次の通です。

DAY1　胸、肩
DAY2　脚、カーフ
DAY3　背中、腹筋
DAY4　腕
DAY5　休み

　僕はこの 4 日オン 1 日オフというパターンが好きなのですが、2、3 週間続けると、疲れてしまうことがあります。そこで、4 日オン 1 日オフに疲れたら、もう 1 日余分に休みを取るのがいいと思います（4 日オン 2 日オフ）。
　しかし、僕は最近、これをまた少し変え、2 日オン 1 日オフというパターンにしました。これだとたっぷりと休みが取れるので、オーバートレーニングに陥ることなく、元気でいられます。休息のお陰でワークアウトが充実し、疲れを感じることは決してありません。では、この 2 日オン 1 日オフというシステムを紹介しましょう。

DAY1　胸、上腕二頭筋
DAY2　脚、カーフ
DAY3　休み
DAY4　背中、腹筋
DAY5　肩、上腕三頭筋
DAY6　休み

　最後に紹介するトレーニング・システムは、2 日オン 1 日オフに変化をつけたものです。上半身全体を 2 日でトレーニングした後、1 日休みます。そして、脚を休みの次の日に単独で行います。このやり方は、脚を発達させたい人には、特に効果的なものです。

DAY1　胸、背中、腹筋
DAY2　肩、腕

DAY3　休み
DAY4　脚
DAY5　休み

　この方法と、三番目に紹介した2日オン1日オフという分割では、休息を計画的にたっぷりと取ることができます。休息が十分取れていれば、オーバートレーニングに陥る危険なしに、ジムでハードに自分を駆り立てることができます。ワークアウトでは、ヘビーウェイトを使って最大の努力を払い、休息は十分に取る。これこそが効率のよい筋発達を可能にするのです。
　自分のからだの中で弱い部分がある場合は、オフの日の翌日にその部分をトレーニングしましょう。そうすれば、エネルギーが体に満ちていて、その反応しにくい部位を十分に働かせることができるのです。
　また、多くの上級者が、継続的に力を伸ばしていくのは難しいと感じていることでしょう。この強さを伸ばす一つのテクニックとして、各レップで加速を行うことの他に、ワークアウト5回に1回くらいの割合で、3レップスで1セット行ってみるとよいでしょう。例えば、ベンチプレスで普通に2セット（爆発的挙上で6レップスずつ）行った後、さらにウェイトを重くして、3レップスに挑戦してみるのです。これは、体に、高重量を扱うことを"教えてやる"ことになります。これで、次の胸のトレーニングで、ベンチプレスを行うときには、いつも自分が行っている6レップス2セットが、前より軽く感じることでしょう。このテクニックは、6〜10レップスの範囲で重量を伸ばすのが難しいと感じている中級者から上級者によいと思います。

ボディビルディングおよび ウエイトトレーニング関連図書

ダイエットは科学だ
理論と実践で100%成功するダイエット
クリス・アセート著
A5判 1,430円

この本を読み切る事は少々困難かもしれない。しかし、ダイエット法はすでに学問であり科学である。そのノウハウを修得しなければ成功はあり得ない。だが、一度そのノウハウを身に付けてしまえばあなたは永遠に理想のボディを手に入れることができる。

日本ボディビル連盟50年の歩み
日本ボディビル連盟創立50周年記念
50年史編纂委員会編集
A4判・2,750円

敗戦の混乱の中、ボディビルによって明るく力強い日本の復興を夢みた男たちの活動が、JBBFの原点だった。以来数々の試練を乗り越えて日本オリンピック委員会に正式加盟するに至る激動の歴史を、各種の大会の歴史とともに網羅した、資料価値の高いビルダー必携の記念誌。

これが正しい筋力トレーニングだ!
スポーツトレーナーが指導している
21世紀筋力トレーニングアカデミー著
B5判・1,572円

経験豊富なスポーツトレーナーが、科学的データを駆使して解説する筋力トレーニングの指導書。競技能力を高めたいアスリート必見!「特筆すべきは、トレーニングの基礎理論と具体的方法が研究者の視線ではなく、現場指導の視線で捉えられている」(推薦文・石井直方氏)

筋力トレーニング法100年史
窪田 登著 B6判・1,100円

80年代発刊の名書に大幅に加筆、訂正を加え復刻させた待望の一冊。ウェイトトレーニングの変遷を写真とともに分かりやすく解説。

競技スポーツ別 ウェイトトレーニングマニュアル
スポーツトレーナー必読!
有賀誠司著 B5判・1,650円

筋力トレーニングのパフォーマンス向上の為に競技スポーツ別に解説する他、走る・投げる・打つ等の動作別にもくわしく解説している。

続・パワーリフティング入門
吉田 進著 B5判・2,090円

現在発売中の『パワーリフティング入門』の続編。中味をさらにステップアップさせた内容となり、より強くなりたい方必読の一冊。

ベンチプレス 基礎から実践
東坂康司著 B5判・2,860円

ベンチプレスの基本事項ならびに実際にトレーニングを行う上での重要ポイントを分かりやすく具体的に解説。ベンチプレス本初の出版。

ベンチプレス フォームと補助種目
東坂康司著 B5判・1,980円

大好評のシリーズ第1巻「基礎から実践」に引続いて、個別フォームの方法やベンチプレス強化の上でも効果のある補助種目を詳細に解説。

究極のトレーニングバイブル
小川 淳著 B5判・1,650円

肉体と精神 究極のメンタルトレーニングであるヘビーデューティマインドこそ、ウエイトトレーニングに悩む多くの競技者の一助になる一冊である。

アスリートのための 分子栄養学
星 真理著 B5判・2,343円

人それぞれで必要な栄養量は大きく違うはずである。本書では、分子栄養学的に見た栄養と体の働きの深い関わりを分かりやすく解説。

22

お申し込み方法

[雑誌定期購読] －送料サービス－

(年間購読料) 剣道時代　　　　　　11,760円(税10%込)
　　　　　　　ボディビルディング　13,200円(税10%込)

TEL、FAX、Eメールにて「○月号より定期購読」とお申込み下さい。
後ほど口座振替依頼書を送付し、ご指定の口座から引落しをいたします。（郵便振替による申込みも可）

[バックナンバー注文]

ご希望のバックナンバーの在庫の有無をご確認の上、購入金額に送料を加え、郵便振替か現金書留にてお申込み下さい。なお、最寄りの書店での注文も出来ます。（送料）1冊150円、2冊以上450円

[書籍・DVD等注文]

最寄りの書店、もしくは直接当社(電話・FAX・Eメール)へご注文ください。
当社へご注文の際は書名(商品名)、冊数(本数)、住所、氏名、電話番号をご記入ください。郵便振替用紙・現金書留でお申し込みの場合は購入金額に送料を加えた金額になります。一緒に複数の商品をご購入の場合は1回分の送料で結構です。

(代引方式)

TEL、FAX、Eメールにてお申込み下さい。
●送料と代引手数料が2024年4月1日より次のように改定されました。なにとぞご理解のほどよろしくお願い申し上げます。

送料(1回につき)**450円**　代引手数料**350円**

[インターネットによる注文]

当社ホームページより要領に従いお申込み下さい。

体育とスポーツ出版社　検索

※表示価格は税込　※クレジットカード決済可能(国内のみ)

(株)体育とスポーツ出版社

〒135-0016　東京都江東区東陽2-2-20 3F

【営業・広告部】

TEL 03-6660-3131　　FAX 03-6660-3132
Eメール　eigyobu-taiiku-sports@thinkgroup.co.jp
郵便振替口座番号　00100-7-25587　体育とスポーツ出版社

【剣道時代編集部】

〒101-0065　東京都千代田区西神田2-4-6宮川ビル2F
TEL 03-6265-6554　　FAX 03-6265-6553

【ボディビルディング編集部】

〒179-0071　東京都練馬区旭町3-24-16-102
TEL 03-5904-5583　　FAX 03-5904-5584

SESSION3
オーバートレーニング

■異化作用を招くオーバートレーニング

　雑誌等を見ていて気が付くと思いますが、継続的に発達し続けているボディビルダーがいる一方、何年経っても同じまま、という人もいます。なぜでしょう？トレーニング方法、食事、サプルメント、これらはすべてボディビルダーの発達に深くかかわってくるものですが、何と言っても、オーバートレーニングが、筋発達を遅らせ、時には阻害する、最もマイナスの要素なのです。ですからオーバートレーニングを避けることが、ストレングス・レベル（力の強さ）を向上させ、筋肉をつける最良の方法となるのです。

　ボディビルというのは、オーバートレーニングが実によく起こるスポーツです。というのも、ボディビルダーは、ボクサーや、ランナー、フットボールプレーヤーや競泳選手、といった人々とは、負荷のかけ方が違うからです。もちろん、これらのアスリートたちも、あまりにも頻度の高い練習をすればオーバートレーニングに陥りますが、ボディビルダーの方が、オーバートレーニングに陥りやすいのです。なぜなら、ただでさえ量が多く、そして、しばしば頻繁すぎるトレーニングに加え強い負荷をかけるからなのです。

　適切な、又は個人に合わせて作られたトレーニング・プログラムに従っている場合、トレーニング・インテンシティー（強度）と休息のバランスはとれています。そして、このトレーニングと休息のバランスがとれている場合には、アナボリック状態（タンパク同化しやすい状態）になっているのです。しかし、トレーニング・インテンシティーがあまりにも高い場合、又はワークアウトがあまりにも頻繁な場合、体はトレーニングのストレスを受け止め切れなくなってしまいます。この場合、カタボリック状態といって、貴重な筋肉が分解され、エネルギーとして使われてしまうのです。それだけではありません。オーバートレーニングは又、天然のアナボリック・ホルモンであるインスリンに、不利に作用するので

す。

　インスリンは、それぞれの食事で、タンパク質と炭水化物をバランスよく取ることによって分泌されます。例えば、魚とご飯を食べた場合がこれに当たります。理想を言えば、ナチュラルビルダーなら、一日に5回、いずれもタンパク質と炭水化物を含んだスモール・ミール（腹八分目程度の食事）を取るべきです。スモール・ミールは、消化吸収がよくインスリンを継続的に分泌させ、脂肪の蓄積を最小限に抑えてくれます。インスリンは、体内で最も大切なアナボリック・ホルモンだと言われています。その働きは、アミノ酸や炭水化物を、回復や発達のために、筋肉へ運ぶことです。ところが、コルチゾールやグルカゴン等のカタボリック・ホルモンが過剰になると、アナボリック・ホルモンが抑制されてしまうのです。食事を抜いたり、過度にトレーニングしたり、低炭水化物ダイエットを行ったりした場合、これらの、いわば筋肉を破壊するホルモン（コルチゾール、グルカゴン）が優勢になり、結果として、筋肉を失ってしまうことになるのです！

　運動生理学者たちが、トレーニーの役に立つように、オーバートレーニングの兆候や症状を一覧表にしたものは何種類もありますが、ここでは、分かりやすく簡略化して、5つにまとめてみました。これで、オーバートレーニングが避けられるのではないかと思います。

■オーバートレーニングの主な兆候および症状

その1　ストレングス、またはサイズの減少がみられる場合
　筋肉を肥大させるには、オーバーロード（過負荷）をかけなければなりません。この最もよい方法が、より重いウェイトを上げることです。もし、あなたのストレングスが、ベンチプレス、レッグプレス、ベントオーバーロー、デッドリフトといった基本種目で、長い間向上しないとしたら、あなたはオーバートレーニングに陥っていると思っていいでしょう。セットやレップを増やすことで、ただ単にパンプさせても、筋肉は発達しません。これは99%のトレーニーにあてはまることです。

その2　ほとんどか、あるいはまったくパンプせず、筋肉がフラットに見える場合
　僕がヘビーウェイトで、6〜10レップス行った時はいつも筋肉がパンプし、トレーニング後、半日経ってもパンプが続いているように見えます。逆に、トレーニング中、筋肉に血液が集まってこない場合は、オーバートレーニングに陥って

いるんだな、と分かるのです。大切なのは、毎回のトレーニングで、よりヘビーなウェイトを扱うことであり、さらに、強く、はちきれんばかりのパンプを得ることなのです。もし、体調がよくなかったり、パンプが得られなかったりした場合、僕はジムを後にし、その日はトレーニングを休みます。体がついてこないのに無理にトレーニングしても、カタボリック・プロセス（タンパク異化）が進むだけです。

その3　刺激物が無性に欲しくなる場合
　紅茶やコーヒー、それに朝鮮人参や麻黄といったハーブの中に含まれるカフェインは、ワークアウト前に取ると、非常に効果があります。集中力、筋収縮が高まるのです。僕もこれらを使うことにより、素晴らしい成果を得ることができました。しかし、オーバートレーニングの兆候をごまかすために、これらを利用してはいけません。とても疲れているのに、これらで自分を覚醒させて、無理なトレーニングをしないでください。こういった刺激物は、正しくトレーニングし、それに見合った休息が取れているときにはじめて、ワークアウトを実のあるものにし、筋肉を大きくするのです。カタボリック状態にあるときに刺激物を取ることは、カタボリック・プロセスに拍車をかけるようなものです。

その4　やる気に欠ける場合
　筋肉をつけるのに良い方法は、コンセントリック（リフティング）部分でウェイトを爆発的に上げ、エキセントリック（ネガティブ）部分では、しっかりとコントロールしながら下ろしてくることです。爆発的な挙上は、モト・ニューロンと呼ばれる神経を喚起します。そしてこのニューロンが喚起されればされるほど、より多くの筋線維が使われるのです。この爆発的な挙上を行うには、やる気が必要です。しかし、カタボリック・ホルモンがたくさん体内を循環している場合には、アグレッシブになることは到底できません。

その5　ジムに行くのがつらいと感じる場合
　僕が知っているコンテストビルダーたちは、皆トレーニングが大好きです。トレーニングが楽しい、というよりもむしろ義務のように感じられる時は、カタボリズム（異化作用）が優勢で、トレーニングするだけ無駄だと思っていいでしょう。たとえコンテスト前でも、トレーニングを休むことを恐れてはいけません。ワークアウトから110％の成果を引き出すために、しっかりと充電しましょう。

今まで述べてきたように、継続的に筋肉を発達させるためには、カタボリック（筋肉をすり減らすような）ホルモンの分泌を促すようなオーバートレーニングを避けなければなりません。ところが、オーバートレーニングに陥り、発達が頭打ちになっているボディビルダーの中には、アナボリック・ステロイドに頼ろうとする者がいるのも事実です。彼らは、ドラッグが、カタボリック・ホルモンの分泌を抑えてくれると思っているのです。しかし、ドラッグは、短期的には効果があるかも知れませんが、結局カタボリック・ホルモンがステロイドに勝って、そのうちドラッグを使っても発達しなくなってしまうでしょう。ですから、より賢いやり方は、まずオーバートレーニングに陥らないようにすることなのです。
　では、オーバートレーニングを防ぎ、筋肉を発達させるために大切なことを5つ、お話しましょう。

■オーバートレーニングを防ぐために注意すべきこと

その1　休息
　運動をしている人は、していない人よりも、たくさん眠らなくてはなりません。眠っている間に、体は回復し、成長するからです。夜は少なくとも8時間の睡眠を取ることをお勧めします。9時間や10時間なら、なお良いですね。理想的なのは、夜に9時間眠り、ワークアウトの後、食事をしたら、15〜40分間の仮眠を取ることです。もちろん、調子よく感じられる睡眠時間というのは、人によって異なりますので、これは一応の目安です。ただ、毎晩同じ時間に寝て、毎朝同じ時間に起きるようにしてください。睡眠パターンを一定に保つことにより、体は成長するからです。

その2　インテンシティー
　ボディビルで使われる、インテンシティーという言葉には、いろいろな意味があります。一般的なのは、どのくらいヘビーにトレーニングするのか、ということですが、同時に、どのくらいの頻度で、ということも含まれます。ボディビルを本格的にやろうとしている人にとって最良なのは、各部位を4〜6日に一度のペースで鍛えることです。それ以上行うと、疲労が積み重なり、たとえ睡眠が十分に取れていたとしても、筋肉を失うことになりかねません。それに、セット数が多すぎると、ウェイトの軽い重いにかかわらず、体の回復力が失われてしまいます。私が、ナチュラルビルダーである皆さんにお勧めするのは、ヘビーウェイトで6〜10レップス行い、最もヘビーなセットで100％力を出し切ることです。

つまり、もうこれ以上は、自力では上がらない、というところまで行うのです。ただし、セット数を多くこなせばいい、と考えるのはやめてください。それぞれの種目の1セット1セットで自分の力を出し切るのです。そうすれば、筋肉を刺激し、成長を促したことになります。やたらにセット数を増やしても、体は疲労するだけですし、オーバートレーニングに陥って発達が限られてしまいます。

その3　ダイエット

　アナボリック状態を作り出すためには、適切なインテンシティーと、それに見合った休息、さらに、正しいダイエットが必要です。このうちのどれか一つでも欠ければ、オーバートレーニングに陥る危険が生じます。まず、大切なのは、十分なカロリーを取ることです。これが意外と難しいのですが、ウェイトゲインパウダーを上手く使えば、マクロニュートリエンツ（三大栄養素）を効率よく取ることができます。そして、ハイ・カーボハイドレイト（高炭水化物）に、質の良いタンパク質を適度に組み合わせれば、筋肉を作るのに理想的な食事となります。カーボは、筋肉中にグリコーゲンを補給する、いわば燃料のようなもので、アミノ酸は、さらなる筋発達のための材料といえるでしょう。できれば、ウェイ・プロテイン（乳タンパクの一種）を含むパウダーを探してください。ウェイ・プロテインは、免疫システムを活性化します。免疫システムが強くなれば、グルタミン（アミノ酸の一種）の再合成が行われます。グルタミンの値が低ければ、たとえカロリーが十分に満たされていても、筋肉は成長しませんから。また、ウェイ・プロテインと炭水化物の組み合わせは、筋発達の助けとなるインスリンの分泌を促す最良の方法です。スモール・ミールも、インスリンの値を上げてくれます。何しろ、インスリンは、カタボリック・ホルモンの影響を打ち消してくれるのですから。

その4　サプルメンテイション

　ウェイトゲインパウダーで、筋発達に必要なマクロニュートリエンツを補給する一方、さらにサプルメントを使用することにより、カタボリック・プロセスを阻止することができます。僕は、プロテインパウダーというのは、非常に優れたサプルメントだと思います。またオルニシン・アルファ・ケトグルタレイト(OKG)、ブランチド・チェーン・アミノ酸、そしてクレアチンも、数あるサプルメントの中でお勧めできるもので、回復をスピーディーにし、オーバートレーニングのマイナス効果を打ち消してくれます。しかし、これらのサプルメントが役に立つからといって、休息、インテンシティー、食事をないがしろにしないでく

ださい。今まで述べてきた4つの要素が揃ったときに初めて、究極のアナボリック状態が生まれるのですから。休息や正しい食事を取らずに、サプルメントに頼るのはやめるべきです。また、たくさん食べることによって疲労を回復させようなどと思わないことです。食べ過ぎた分のカロリーは、脂肪に変わるだけですから。

■オーバートレーニングとサイクルトレーニング

　サイクルトレーニングとは、ハイインテンシティー（高い強度）でトレーニングする期間と、ハイボリューム（多くの量）でトレーニングする期間とを組み合わせたトレーニング方法です。簡単に言えば、ある期間はヘビーウェイト（高重量）をローレップス（低回数）で、セット数も少なく行い、別の期間には、軽めのウェイトをハイレップス（高回数）で、セット数も多く行うというものです。この方法は、オーバートレーニングという落とし穴にはまるのを避けながら、筋量を増す目的で考案されたものです。トレーニングに変化をもたせることによって、刺激が常に変わり、筋肉が刺激に対して新鮮な状態であるために、発達が起こるというわけです。それに、ワークアウトの内容を変えれば、一種類の刺激によって体を酷使することもありません。つまり、マンネリ化した刺激、強すぎる刺激を避けることによって、オーバートレーニングという悪い結果にならずにすむのです。

　机上では、この方法は非常によいもののようにみえます。実際効果があることもあり、アイアンマン・トレーニング・システムを取り寄せ、その結果に満足している人々もいます。しかし僕は、この方法には2つ問題があると思います。まず、僕はオーバートレーニングを避けることは大切だと思いますが、アクティブ・リカバリー（積極的な回復）は、それほど信用していません。サイクルトレーニングでは、ジムで100％の力を出さないようにする期間があります。この、インテンシティー（強度）を下げることの目的は、次の100％力を出すオールアウトトレーニング期間の前に、体を休ませ、活力を取り戻させるためだということになっており、このことを、アクティブ・レスト（積極的な休息）と呼んでいるのです。

　次に、高重量で100％の力を使ってトレーニングしなければ、筋肉は発達しない、というのが僕の考えです。あなたは、頑固な筋線維を目覚めさせるのに十分なだけハードにトレーニングしなければならないのです。この頑固な筋線維とは、速筋であるタイプⅡbの線維で、それはすばらしい発達の可能性を秘めているの

第1章：トレーニング

です。すべてのセットで全力を出し切ることは大変なことで、それは体を酷使し、消耗、オーバートレーニングといった状態になることもあるでしょう。しかし、ワークアウトと次のワークアウトの間に十分な休みの日を取ったり、何回かに一回の割合でトレーニングの量を中程度から低めにして行えば、消耗を防ぐことができます。しかし、アクティブ・レストの間に、軽い重量でトレーニングしても、それはⅡb線維を動員していることにはなりません。

　生き生きと活力がみなぎり、十分に回復している時でなければ、トレーニングをするべきではありません。ほんの少し疲れたなあと感じる時でさえ、筋肉を刺激し、発達させるのに必要な100％の力を出すことはできません。疲れている状態でトレーニングすれば、オーバートレーニングになるだけです。覚えておきましょう。オールアウトトレーニングをしなければ、筋肉は発達しません。しかし、疲れ切っていては、オールアウトトレーニングはできません。

■まとめ

　オフシーズンの目的といえば、余分な脂肪をなるべくつけずに、質の良い筋肉をつけることです。このためには、6～10レップスしかできないようなヘビーウェイトを使うことです。より重いウェイトを扱うためには、セット間の休憩をなるべく長く取ることが大切です。そうすれば、それぞれのセットに全力で望むことができるでしょう。あまりにも多くのボディビルダーが、雑誌で紹介されているルーティーンにやみくもに従うという過ちを犯しています。これらのルーティーンはたいての場合、量が多すぎますし、そこで決められているセット間の休憩は、回復するのに不十分であることが多いのです。これだけは覚えておいてください。回復こそが成長を生むのです。

　僕は4日オン1日オフというパターンが好きです。4日で全身を鍛え、5日目を休みにするのです。しかし、ここ何年かは、これを少し変えたルーティーンを使っています。もっと休息を取るために、さらにトレーニングを、2日オン1日オフ、2日オン1日オフという具合に分けたのです。基本的には4日オン1日オフと同じですが、これだと休みが多く取れます。ヘビーウェイトを使ったトレーニングをすれば、回復と成長のために体が休息を欲しがるのは当然です。

　コンテスト前は、最もオーバートレーニングに陥りやすく、筋肉を失いやすい期間です。体脂肪を減らすためには、カロリーと、炭水化物の両方を減らすことが必要ですが、その一方で、体脂肪を燃やすために、有酸素運動の量は増えます。これにヘビーで激しいトレーニングが加わったりしたら、回復能力は落ち、たち

33

まちオーバートレーニングに陥ってしまうでしょう。筋量を最大に保ちたいと思うならば、休息、インテンシティー、食事、それにサプルメントに十分気を配ってください。最後にもう一度言います。回復こそが成長であり、モア・イズ・ベターではありません。

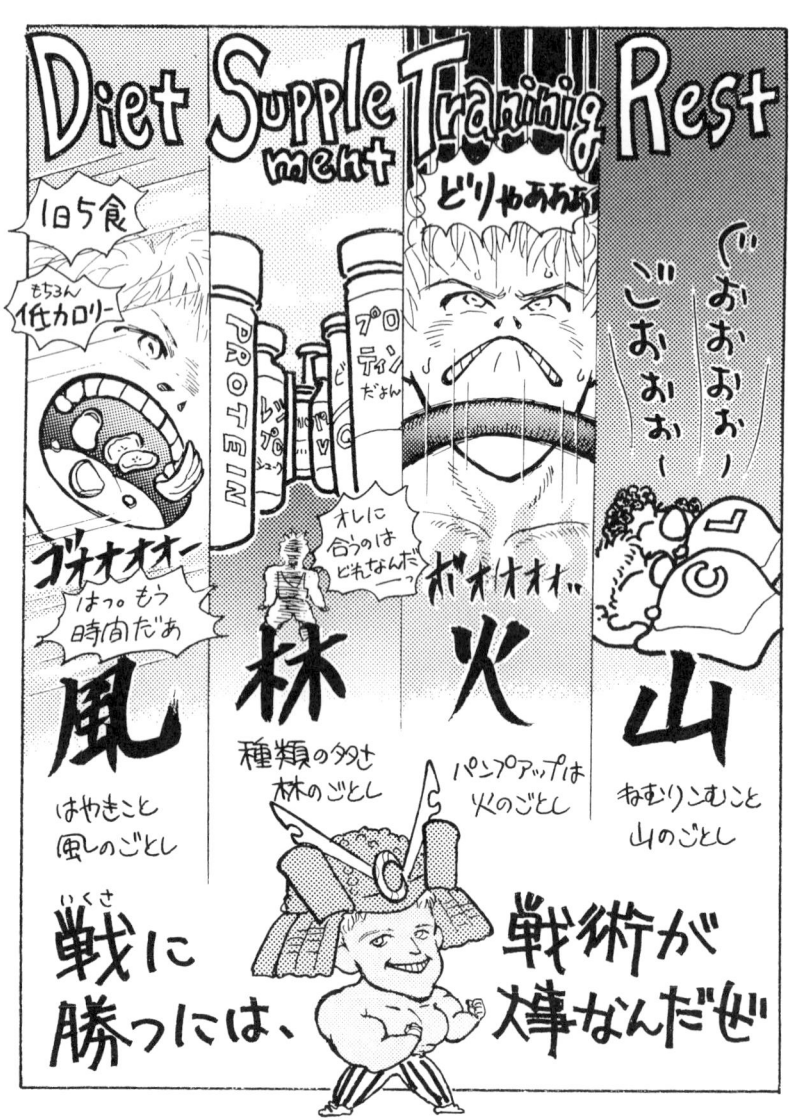

イラスト／印度更紗

SESSION 4
プラトーを打破する

■プラートーを打破する誤った考え

　普通、初心者やトレーニング歴が３年以下の中級者は、徐々にトレーニングの方法を二つあるうちのどちらか一つに変えていきます。どういうことか説明してみましょう。

　さらに筋肉をつけるために必要なのは、徐々にウェイトを重くしていくことです。言い換えれば、筋肉をコンスタントに発達させるためには、負荷をコンスタントに高めていくことが必要なのです。何年も同じ重さのウェイトを使っていたのでは、筋量を増やすことなど不可能です。ですから、徐々に力を強くしていこうと努力することが大切なのです。あなたがトレーニングを始めた時には、多分日に日に（とは言わないまでも、一カ月ごとに）力が強くなっていくように感じたことでしょう。これが、あなたが最初の３年によく発達した理由なのです。ところが、自然と訪れるストレングスプラトー（力が伸びなくなる状態）に達してしまった時、あなたはこれ以上力を伸ばすのが困難だと感じ、多分セット数を増やすことにしたのだと思います。これが、多くの人が犯す間違いなのです。セット数を増やすことは、伸びのストップを意味するからです。セット数を増やせば、ワークアウト時間が延び、体からはエネルギーが失われます。そして、体が低エネルギー状態にある時には、二つの恐ろしいことが起こるのです。

　まず、回復力が被害を被ります。回復力が低い場合、いかに食事や睡眠を取ろうとも、筋発達はストップしてしまいます。それに、エネルギーが低い場合、ジムで全力を出すこと、前回のワークアウトよりも重いウェイトを扱うことは不可能になります。たった一つの種目においてですら１レップも伸ばせず、2.5kgも増やすことができないならば、新たな筋発達に十分なだけの刺激を体に与えることなど到底できないでしょう。

　筋肉には、強度／刺激の閾値とでもいうようなものがあります。この閾値とい

うのは、ある種目を行う際に6～10レップスしかできない、あなたにとってのマックス・ウェイトのことです。仮にあなたがベンチプレスを100kgで8レップス行っているとしたら、今以上に筋肉をつけるためには、もっと重いウェイトで同じレップス（いや6レップスでもかまいません）を行うか、100kgで9レップス行わなければなりません。100kg、というのが、この場合の閾値なのです。筋肉は意外に賢いものです。閾値以下のウェイトを使っても、それは発達を促すに十分なだけの刺激にはならないのです。ですから、80kgで8レップス行ったとしても、筋肉は反応しないのです。さらに筋肉をつけるには、この閾値を越えなければならないのです。それゆえ、私はセット数を減らすことをお勧めします。そうすることによって、回復力が高まることでしょう。十分に回復した筋肉は、強く、大きくなります。セットを多く行い過ぎて十分に回復できない筋肉は、弱く、小さいままです。

　トレーニングを行っている人のほとんどが自分で計画を立てていることと思いますが、セット数を多めに設定し過ぎて、それぞれのセットで力を100％出し切れていないのが現状です。仮にそれぞれのセットで全力を尽くしているというなら、ワークアウトを最後まで続けられないことでしょう。僕は、これとは反対のアプローチを取ることをお勧めします。それは、セット数を半分にすることです。そうすれば、より重いウェイトを使って、もっとハードにトレーニングすることができます。それに、セット数を減らすことにより、ヘトヘトになるまで疲れることがなくなるので、回復と発達が可能になるのです。

　ヘビーワークアウト（次第にウェイトを増していくようなワークアウト）は、筋肉の分解を促します。その結果、アナボリック状態がつくり出され、ダメージを受けた筋肉を再生する方向に働き、それがさらなる筋発達へとつながるのです。このようなオールアウト・トレーニングを行っている限り、オーバートレーニングに陥ることはまずないでしょう。というのは、それは筋肉の再生を促すものですし、ワークアウト時間が短めになるのでエネルギーや回復力を失いにくくなるからです。

■プラトーを破るトレーニングテクニック

　上級者にとって、継続的に発達を続けて行くのは難しいことです。というのも、上級者は普通、力の強さに関しては自分の限界に達していて、それ以上ウェイトを上げるのは、非常に難しいか、不可能だからです。

　以下にプラトーを打破するためのトレーニングテクニックを紹介しておきます。

◎アングルに変化をつける

　基本種目を、ヘビーウェイトを使い、アングル（角度）に変化をもたせるようにして行ってみましょう。そうすれば、少し異なるストレスを筋肉に与えることができ、さらなる筋発達に役立つかもしれません。とにかく、すべてに変化をつけてみることです。

　たとえば、デッドリフトを床から行うかわりに、ブロックやパワーラックから行ってみます。また、胸だったら、ベンチプレスからダンベルプレスに変えてみるとか、インクライン種目のアングルを、自分がいつも行っている角度よりも、ずっと小さくしてみます。それに、シーテッド・ショルダー・プレスのかわりにスタンディングプレスをすれば、背中の上部の筋肉をもっと使うことになるでしょう。なぜなら、背中の上部の筋肉は、上体を支えるのに必要だからです。

　このように、上級者にとっては、バラエティー（変化）が、さらなる発達の鍵になるかもしれません。しかし、初心者、中級者には、やはりヘビーウェイトを使った基本種目が一番だと思います。

◎リバース・ストリップ・セット

　上級者に効果のある別のテクニックは、"リバース・ストリップ・セット"と僕が呼んでいるものです。このテクニックは特に、脚、背中、胸に効果的です。では、その行い方を紹介しましょう。

　ベンチプレスを例にとると、まず10レップスを余裕をもってできる重量を選びます。10レップス行ったら、休みを取らずにウェイトを足し、さらに2～4レップス行います。ですから、最後のレップは、やり遂げるのが非常に困難ですが、不可能というわけではありません。次に、さらにウェイトを足します。すると、1レップは自分一人でもできますが、もう1レップやるとなると、パートナーの助けが必要になるでしょう。

　……と、このように行うわけですが、このタイプのトレーニングは、速筋のⅡaファイバーを疲れさせます。Ⅱaファイバーが疲れてくると、速筋のⅡbファイバーが動きにかかわってきます。このⅡbファイバーが、筋肉の発達ということになると、すごい潜在能力をもっているのです。ウェイトを増すことによって、これらⅡbファイバーに、超過負荷をかけることができるのです。

　こういったタイプのトレーニングを、すべての種目で行う必要はありません。一部位につき、一つの種目で十分です。やり過ぎると、オーバートレーニングになることもありますから。

時にはプラトーを打破するためにトレーニングテクニックを駆使することは重要です

　また、トレーニング一回おきに行うこともできます。"リバース・ストリップ・セット"でワークアウトしたら、次のワークアウトは、通常のトレーニング方法や、自分の好きなトレーニング方法で行ってみてはどうでしょう。

◎ 1 RM
　あなたが、あるエクササイズで6～10レップスの重量が伸びなくなったのだとしたら、シングルを行ってみることをお勧めします。僕の場合、ベンチプレスで180kgを6レップスで、これ以上伸びなくなったとします。そうしたら、次のワークアウトでは、200kgを1レップにトライするでしょう。これを、一回のワークアウトで2回行います。また、1レップ・マックス（1RM）を伸ばすために、あまりにも多くのレップ数をこなすようなことは避けます。それは力の無駄遣いになるからです。このマックスを終えた後は、インクライン・ベンチプレスをヘビーウェイトを使って6～10レップスで2～3セット行います。これでトレーニングは終わりです。次の週にベンチプレスを行う時には、180kgに戻し、7レップスに挑戦します。大抵の場合、このテクニックは効果があると思います。なぜなら、あなたの体（ストレングス）が、180kgを再び握った時に、200kgよりも軽いと感じるからです。

◎パーシャル

　もう一つ僕の好きなテクニックを教えましょう。それは、スポッター（補助者）をつけてパーシャルを行うことです。180kgを使うのですが、ウェイトは、いつものようにしっかり下ろすのではなく、ほんの6～10cmしか下ろしません。これにはどんな意味があるかというと、スティッキング・ポイントにおけるストレングスを増そうとしているわけです。このテクニックは、ショルダープレスやベントロー、そしてスクワットにも同じようによく効きます。

◎レストポーズ

　6から12レップスの間で、あなたが目標とするレップ数を決めます。但し、そのレップ数は、1度にできてはいけません。もし、あなたが8レップスを目標と決めたとしましょう。しかし、あなたは8レップス完遂できず、6レップスでつぶれたら、バーベルをラックに戻し数秒休憩します（最大で20秒）。そして再びバーベルを握り、残りの2レップスを行います。このように、自分の目標とするレップスをわずかの休息を挟んで完遂させる方法がレストポーズ法です。

◎フォースド・レップス

　1セットを8回行うと決めた場合、6回ギリギリできるウェイトを扱って行い、残りの2レップスを補助者に手伝って上げる方法です。このテクニックを使うと、既に刺激を受けている筋肉をさらに追い込むことができます。但し、このテクニックを用いたセットをあまり多く行うと、オーバートレーニングに陥りやすいので注意してください。通常はその種目の最後の1～2セットに用います。

◎ピークコントラクション／ネガティブ

　このテクニックは、エクササイズのフィニッシュポジションで筋肉を意識的に収縮させるものです。このテクニックはレッグエクステンションやレッグカール、上腕二頭筋、三頭筋などで使うことができます。やり方としては、例えばレッグエクステンションでの1セットのレップスを10と決めたら、自分自身で6回ギリギリ上げることのできるウェイトを扱い、残りの4レップスをパートナーに助けてもらいます。この4レップスでは、フィニッシュのポジションでできるだけ強く筋肉を2秒間ほど収縮させます。そして、出来る限りゆっくりとウェイトを降ろして行くのです。また、パートナーにこのネガティブムーブメントで負荷をかけてもらうこともできます。

◎ストリップ・セット・トゥ・10

　筋肉に刺激を与えるよい方法は、10レップスギリギリできるヘビーウェイトを扱うことです。しかし、例えば40kgのダンベルでダンベルプレスを行おうとした場合、5レップスしかできないとします。そこでダンベルをおかずにすぐに少し軽いダンベルに持ち替えてさらに3レップス行います。さらに軽いダンベルに素早く持ち替えて2レップス行い、これで10レップス行ったことになります。このテクニックでの注意点は、一番初めに行うレップスよりも次に行うレップスの方が多くなってはいけません。ですから、トータルで10レップス行うにしても、初めのウェイトが1レップしかできないものではだめな訳です。また初めのセットが5レップスできたとしても、次のウェイトが軽すぎて5レップス以上できてしまってもだめです。重量の選択が難しいテクニックです。

◎モディファイド・スーパーセット

　スーパーセットとは、一つの筋肉部位に対し2つのエクササイズを出来る限り休息を挟まずに続けて行うトレーニングテクニックですが、このテクニックは時にハイレップスになり、筋肥大を促すトレーニングとしては適していないと言えます。しかし、トータルで12レップスを越えないスーパーセット法は、僕は好きです。例えば、始めに6レップスギリギリできるウェイトでレッグエクステンションを行い、続けて6レップスギリギリできるスミスマシンスクワットを行う、という様にです。

　もし今紹介したテクニックが効かないとしたら、ただ単に体が休息を必要としているということが考えられます。あなたが強化したいと思っている部位に関しては、軽目のウェイトを使ったトレーニングを続けて2回ほど行ってみてください。

第2章
食事法

SESSION 1
あなたに合った食事を見つけよう

　筋肉を発達させるために最も大切なニュートリションの第一歩は、あなた方一人一人に合った食事を見つけることです。

　ほとんどの人が、ボディビル雑誌で紹介されている方法にやみくもに従おうとしているように見えます。そうでなければ、ジムで尋ねまわり、デカイ体をした者たちから得た情報を元に食事プランを立てているようです。これらの方法は少しばかりの成果を生むかも知れませんが、それよりも理想的な方法は、除脂肪体重に基づいたニュートリション・プロフィールを地道に作っていくことなのです。

　今から、脂肪をつけずに筋肉を発達させるような食事プランを作る正しい方法を詳細に説明していこうと思います。ただ単に、お気に入りのビルダーの食事をまねても、サイズは増すかも知れませんが、同時に脂肪の量も増えてしまった、なんて事が起こることもあり得ます。これから紹介する方法は、僕が知る中でベストなものです。

■ステップ1　除脂肪体重を知る

　除脂肪体重（Lean Body Mass=LBM）とは、文字通り、脂肪を除いた体重のことです。除脂肪体重を知る簡単な方法は、体脂肪率を測ることです。仮に、体重100kgで、体脂肪率が12％の男性がいたとしましょう。彼の除脂肪体重は88kgです。計算は次のようになります。

　100kg−100×0.12＝88kg

　除脂肪体重を知るもう一つの方法は、「もし自分に脂肪が全くついていなかったら、どのくらい体重があるだろうか？」と推測してみることです。100kgの男性なら、85〜90kgくらいと推測するでしょうか。これは大体あっています。

■ステップ2　必要なタンパク質量を知る

　大部分のボディビルダーは（男性も女性も）、除脂肪体重1kg当たり2gのタンパク質が必要です。中には、除脂肪体重1kgあたり2.25g必要な人もいますが、大抵は前者に当てはまります。ですから、体重が100kgで除脂肪体重が88kgのボディビルダーには、1日に176gのタンパク質が必要なのです。

　2g×88＝176g

　炭水化物や脂肪と違って、タンパク質は体内に溜めておくことができません。それゆえ、毎回の食事でタンパク質を多く含む食品を取ることが大切なのです。一日に2回や3回の、いや4回くらいの食事でも、増量は難しいと思います。ですから、僕は一日5回、スモールミールを取ることをお勧めします。そうすることにより、栄養が絶えず体に補給され、回復や筋発達が可能になるのです。これはまた、一日のカロリーを分散することにもなり、一度に取り過ぎることがなくなります。

　一日に5回食事をするということは、タンパク質も5回に分けるということです。それゆえ、100kgのボディビルダーの場合、タンパク質を35gずつ毎回の食事で取らなければなりません。

　176g÷5回＝35g

1回目　35g
2回目　35g
3回目　35g

4回目　35g
5回目　35g

■ステップ3　基礎代謝量を知る

　基礎代謝量（Basal Metabolic Rate＝BMR）とは、生命を維持するのに体が必要とするカロリー量のことです。言い換えれば、脂肪や筋肉を代替エネルギー源として使わずに生きられるようなカロリーのことです。この基礎代謝量は、ステップ1で求めた除脂肪体重を2倍し、末尾に0を付け加えることによって求められます。

88kg×2＝176

176の末尾に0を付け加える＝1760

　この1760カロリーというのが、筋肉を失わないために必要な一日の最低ラインなのです。この値以下にカロリーを落としても、脂肪は減りません。それどころか、筋肉を削る結果となるのです。

■ステップ4　摂取可能な最大カロリー量を知る

　必要とされる最低限度のカロリーを求めたら、今度は最大カロリーを求めましょう。それには、先程ステップ3で求めたカロリーを2倍すればいいのです。これで、ハードワークを行うボディビルダーが、脂肪をつけることなく取ることが可能な最大カロリーが求められるはずです。

　これに従うと、除脂肪体重が88kgのボディビルダーは、余分な脂肪をつけずに筋肉をつけるために、3520カロリーまでは取ってよいことになります。3520カロリー以上取れば、いかにハードに、いかに頻繁にトレーニングを行おうとも、筋肉が増えるよりも多くの脂肪をつけることになってしまいます。

　さて、今まで述べてきたことをまとめてみましょう。体重100kgで体脂肪率12％のボディビルダーの場合、一日に176gのタンパク質を取らなければなりません。彼の一日の摂取カロリー幅は、1760～3520カロリーです。なぜこんなに広い幅があるのでしょうか？　それは、次のような要素を考慮に入れなければならないからです。

◎性別

　体重60kgの男性は、同じ体重60kgの女性よりも多くのカロリーが必要となりま

す。なぜならば、女性ホルモンであるエストロゲンが脂肪の蓄積を促し、筋発達を抑制するのに対し、男性ホルモンであるテストステロンは脂肪の蓄積を抑制し、除脂肪体重の増加を促すからです。

◎年齢
　30歳以降は、体がカロリーを燃焼させる速度が、1年に1〜2％ずつ落ちていきます。

◎活動量
　活動的であるほど、カロリーの消費量は増え、代謝が高まります。これは、より多くの筋肉をつける助けとなるのです。筋肉を増やすということは、除脂肪体重を増やすことであり、除脂肪体重を増やすことは、カロリー消費量を増やすことにつながります。ヘビーウェイトトレーニングもまた、筋肉増加を促進し、その過程ではカロリーの必要量が劇的に増加します。

◎食事内容
　タンパク質が少なく、脂肪の多い食事は、体がカロリーを燃焼する速度を遅らせます。これとは逆に、一日5回の、低脂肪、中程度のタンパク質、そして十分な炭水化物からなる食事は、カロリーを燃やす速度を速めます。

◎体組成
　除脂肪体重が88kgの人が2人いるとします。一人は脂肪が少なく、もう一人は余分な脂肪をたくさんつけているとしましょう。脂肪が少ない人のほうは、ステップ4で求めた最大値に近い量のカロリーを取ることができます。これに対して、脂肪がたくさんついている人は、ステップ3で求めた最少量に近い量のカロリーに押さえるべきでしょう。なぜなら、体脂肪率が高いと、カロリーが利用される速度が遅くなるからです。逆に、体脂肪率が低いと、カロリーが使われる速度が速くなるのです。

■ステップ5　3日間の食事記録をつけてみる

　食べたものすべてを書き出して、食事記録をつけることは、どのくらいのカロリーを取ればよいのかを決める助けとなります。さて、体重100kgのボディビルダーがいた場合、彼は1760カロリーに近い量を取るべきなのか、それとも3520カ

ロリーに近い量を取るべきなのでしょうか？

　まず一日に食べたものすべてを紙の上に書き出してみてください。そして、一日の総カロリーを求めましょう。同じことをもう２日行ってみてください。次に、３日分のカロリーを足し、３で割ります。例えば、こうです。

　　１日目の総カロリー　　3100Ｃal
　　２日目の総カロリー　　2750Ｃal
　　３日目の総カロリー　　2400Ｃal

　１日目、２日目、３日目の総カロリーを足すと、３日間の総カロリーは8250カロリーとなります。

　8250Ｃal÷３日＝2750Ｃal　　この2750カロリーというのが、体重100kgのボディビルダーのスタート地点です。脂肪を落とすためには、一日に取るカロリーを2750カロリーから少し削ってみるとよいでしょう。筋量を増やすためには、一日のカロリーを2750カロリーより増やしてみるとよいでしょう。ただし、決して1760カロリー以下に落としたり、3520カロリー以上取ったりしてはいけません。

■ステップ６　必要な炭水化物量を知る

　１ｇの炭水化物は４カロリーです。１ｇのタンパク質も４カロリーです。前記のボディビルダーは一日に176ｇのタンパク質を取っていますので、
　　176ｇ×４Ｃal＝704Ｃal
このボディビルダーは、一日に2750カロリーを取っていますので、
　　2750Ｃal－704Ｃal＝2046Ｃalの炭水化物が取れるわけです。つまり、
　　2046Ｃal÷４Ｃal＝511ｇ
の炭水化物を一日に取ることができるわけです。

　ここで、一日５回に食事を分けなくてはならないことを思い出してください。この中で、量を最も多くすべき食事は、一日の最初の食事とトレーニング後の食事です。最初の食事を多くする訳は、朝に食べたカロリーは、脂肪として蓄えられにくい傾向にあるからです。朝は、カロリーを燃やす速度が速いのです。

　また、トレーニング後の食事も体に燃料を補ってやる意味で量を多くしなければなりません。多くの炭水化物がトレーニング中に使われます。その上、トレーニング後１時間以内に摂取されたカロリーは、脂肪として蓄えられにくいのです。疲労した筋肉はバキュームの様に働き、炭水化物を吸収するので、それらは明日のワークアウトのために筋肉中に蓄えられるのです。

　ですから、一日に摂取する511ｇの炭水化物のうち、30％は最初の食事、さら

に30％はトレーニング直後の食事で取るようにした方がいいでしょう。

511ｇの30％＝153ｇずつを最初の食事とトレーニング後の食事で取りましょう。そして、

153ｇ×2＝306ｇ

511ｇ―306ｇ＝205ｇ

を残りの3食で取ります。ですから、

205ｇ÷3＝68ｇ

の炭水化物を一回の食事で取ればよい、ということになります。今言ったことをまとめてみましょう。

 1回目の食事
  35ｇのタンパク質
  153ｇの炭水化物
 2回目の食事
  35ｇのタンパク質
  68ｇの炭水化物
 3回目の食事
  35ｇのタンパク質
  68ｇの炭水化物
 4回目の食事
  35ｇのタンパク質
  68ｇの炭水化物
 5回目の食事（トレーニング後）
  35ｇのタンパク質
  153ｇの炭水化物

■付録

チキンや魚、大豆に豆腐、全卵や卵白といったタンパク源となるような食品はすべて多少の脂肪を含んでいます。脂肪の少ないタンパク食品を選んで食べてください。お勧めできるのは、プロテインパウダー、チキン等のホワイトミート、卵白、魚、豆腐、そして低脂肪の乳製品です。

SESSION2
インスリン

　インスリンというホルモンの作用について理解することは、ボディビルの栄養を学ぶ上で最も大切な事柄の一つです。インスリンとは、しばしば体内で一番のアナボリックホルモンといわれるものです。

■インスリンと筋発達

　あなたが炭水化物（またはタンパク質の含有量が少ない食品）を食べた場合、インスリンと呼ばれるホルモンがすい臓から分泌されます。インスリンは、炭水化物から得られるグルコースという燃料を組織が吸収するのに必要なものなのです。

　インスリンがアナボリックホルモンだといわれる理由は二つあります。一つは、炭水化物を取った時、余分な炭水化物はインスリンによって肝臓や筋肉に運ばれ、貯蔵されます。この筋肉中に貯蔵された余分な炭水化物を筋肉グリコーゲンといいます。そして、この筋肉グリコーゲンこそがボディビルのワークアウトを行っている間の主な燃料源となるのです。筋肉グリコーゲンのレベルが低い場合、トレーニングすることは難しくなります。さらに、筋肉グリコーゲンのレベルが極端に低い場合、体は筋肉自体を燃料源として使い始めるのです。特に、アミノ酸を得るために、体が筋肉を分解してしまうのです。この場合、筋肉から得られ、燃料源として使われるアミノ酸というのは、主にブランチド・チェーン・アミノ・アシッド（Branched Chain Amino Acids／ロイシン、イソロイシン、バリンを指す／以下BCAA）です。ですから、インスリンの分泌を促し、ハードトレーニング中に筋肉が分解されてしまうのを防ぐために、適切な時に適量の炭水化物を取ることが大切なのです。

　インスリンがもつ二番目のアナボリック的役割は、BCAAを筋肉へ運ぶことです。BCAAとは、筋肉が回復するために必要な、最も大切なアミノ酸で、それらはタンパク質を多く含む食品から得られます。一番よい摂取源は、イオン交

換された低温加工のウェイプロテインです。このようなサプルメントも、BCAAを取る役に立ちます。炭水化物から得られるグルコースのように、BCAAも血液中を通って筋肉細胞に運ばれるためには、インスリンを必要とします。インスリンなしでは、筋発達はストップしてしまうでしょう。コンテスト前に極端に炭水化物を制限したことのある人ならば、僕の言っていることが分かると思います。炭水化物の摂取が少ないと、インスリンの分泌も少なくなり、それは、BCAAが筋肉まで運ばれる妨げとなるのです。こうなると、筋肉は発達しませんし、回復も進みません。

　最大限の筋発達を得るためには、いくつかの事柄に気をつける必要があります。まず、正しくトレーニングすること。具体的には、6～10レップスがやっとというヘビーウェイトを使って、ハードに、しかも短時間内にワークアウトを終えること。そして、ワークアウトとワークアウトの間はしっかり休んで回復させること。次に、正しい食事をすること。つまり、アナボリックホルモンであるインスリンをうまくコントロールすることによって、炭水化物を筋肉内に貯蔵し、次回のワークアウトに備えるのです。また、インスリンのレベルは、BCAAを筋肉へ運ぶのに十分なほどでなければなりません。

■インスリンと脂肪蓄積

　ここで問題なのは、適量のインスリンは筋発達にとって必要ですが、あまりにも多いと脂肪の蓄積につながるということです。一回の食事で炭水化物を取り過ぎた場合、そこから大量のグルコースが得られます（グルコースが炭水化物食品から得られることは覚えていますね）。大量のグルコースが体内に入った場合、やはり大量のインスリンがすい臓から分泌されます。この過剰なインスリンは、余分なグルコースを脂肪細胞へ運ぶのです。さらに、高レベルのインスリン分泌が長期間続くと、体内の脂肪を貯蔵するシステムが刺激されます。つまり一定期間にわたる高レベルのインスリン分泌は、脂肪の蓄積にかかわる酵素、リポプロテインリパーゼと水分の貯溜にかかわるホルモン、アルドステロンを刺激するのです。このように体脂肪が増加すれば、エストロゲンのレベルも上がります。エストロゲンのレベルが上がれば、また脂肪の蓄積が促され、筋発達は阻害されてしまいます。それに、インスリンのレベルが高すぎると、筋肉細胞よりもむしろ脂肪細胞の方が、血液中を流れるインスリンに対して敏感になります。筋肉がインスリンに対して敏感な場合、インスリンは筋肉に栄養を運び、筋発達が脂肪の蓄積に優先しますが、脂肪細胞がインスリンに対してより敏感になると、脂肪の

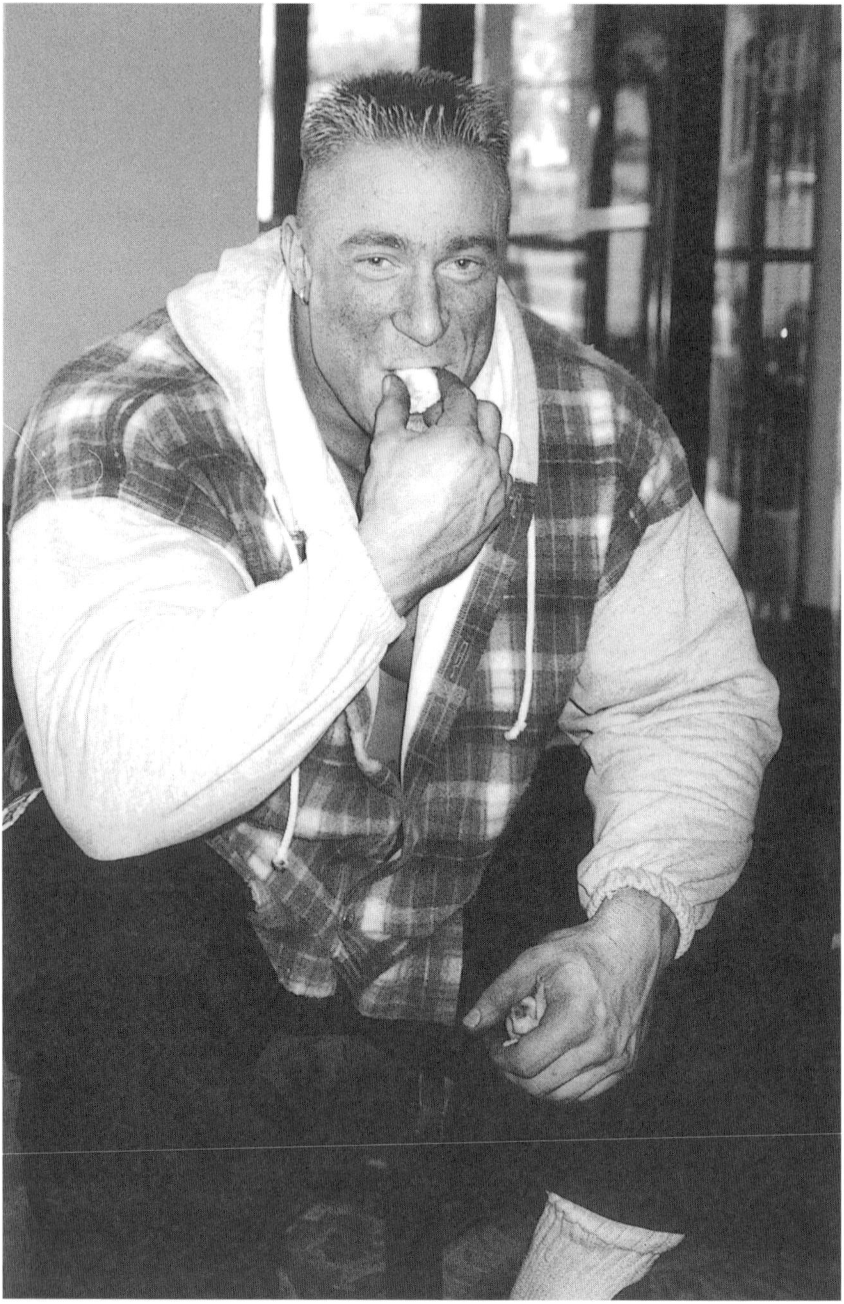

蓄積が筋発達に勝るようになるのです。

■インスリンをうまくコントロールする方法

①カロリーコントロール

　摂取カロリー量を下げると、インスリンのレベルも下がります。減量中にカロリーをカットすると脂肪が減るのはこのためです。

②炭水化物のコントロール

　炭水化物は、インスリン分泌を増加させます。僕の見たところ、多くのボディビルダーが、エネルギーは多めに取った方がよいという考えから、過剰に炭水化物を摂取しているようです。しかし、これは正しくありません。なぜか、例をあげて説明してみましょう。あなたが車にガソリンを入れる時、タンクが満タンになったら、もうガソリンを入れるのをストップしなければなりません。そうしなければ、そこらじゅうにあふれてしまうからです。同じことが炭水化物の場合もいえるのです。いったん肝臓や筋肉がグリコーゲンで一杯になれば、残りの炭水化物は脂肪として蓄えられてしまうのです。かなりハードにトレーニングする人でも、除脂肪体重1kg当たり4g以上炭水化物を取らないでください。これが最大の値で、これ以上取っても脂肪が増えるだけです。

③吸収の速い炭水化物の摂取を減らす

　炭水化物の中には、インスリンを他のものより多く分泌させるものがあります。キャンディーや砂糖の添加されている食品は、ずっと多くのインスリンを分泌させます。加工食品もまた、そうでない食品に比べ、少しですが余計にインスリンを分泌させます。200カロリーのインスタントマッシュポテトの方が、200カロリーのポテトより、多くのインスリンを分泌させるのです。なぜなら、マッシュポテトの方は加工されているからなのです。できるだけ加工されていない食品を選ぶようにしましょう。

④一日のうち遅く食べる食事ほど炭水化物の量を少なくする

　体はいつも同じ量だけインスリンを分泌しているわけではありません。炭水化物の摂取や、グルコースのレベルに反応して分泌されるインスリンですが、一日のうち早い時間は比較的分泌が少なく、夕方遅くには多めに分泌されます。それゆえ、一日のうち早い時間に炭水化物を多めに取り、遅い時間には控え目にする

のが賢いやり方でしょう。朝の8時に食べたのと夜の8時に食べたのとでは、同じライス200カロリーでも、インスリンの分泌は朝の方が少ないのです。

⑤トレーニング後の炭水化物は多めに
　一日のうちで一番量を多くすべきなのは朝食です。二番目に量を多くすべきなのはトレーニング後すぐの食事です。なぜなら、トレーニング後に取った炭水化物は、筋肉に行きやすいからです。つまり、トレーニング後に取った炭水化物は、脂肪になるよりもむしろ筋肉内にグリコーゲンとして蓄積されるのです。それに、この時ばかりは、どんな種類の炭水化物を取ろうが、それほど問題にはなりません。トレーニング後の筋肉は、炭水化物が欠乏した状態にあります。そのため、筋肉がインスリンに対して敏感になるのです。筋肉がインスリンに対して敏感な時には、脂肪細胞はそれほど敏感ではありません。ですから、吸収の速い炭水化物ですら、筋肉グリコーゲンとして貯蔵されるのです。実は、トレーニング後に、吸収の速い炭水化物を取ることは、よい選択だといえるでしょう。例えば、フルーツジュースに、ホワイトブレッド、砂糖だって大丈夫です。これらの食品は大量のインスリンを分泌させます。インスリンは、回復や筋発達に必要なBCAAを筋肉まで運ぶのに必要です。ですから、この場合、インスリンの分泌は最大になっても、筋細胞の方が脂肪細胞よりも敏感なため、脂肪として炭水化物が貯蔵されることはほとんどないのです。

⑥炭水化物とタンパク質を常に組み合わせる
　炭水化物をそれだけで食べると大量のインスリンが分泌されます。インスリンが大量に分泌されると、これらの炭水化物が脂肪として蓄積されるだけでなく、脂肪の貯蔵システムが刺激を受け、活性化されます。しかし、ここでタンパク質を炭水化物と一緒に食べると、インスリンの分泌を抑えることができます。タンパク質がグルコースの血流中への侵入を遅らせるからです。グルコースがゆっくりと吸収されれば、インスリンの分泌はなだらかなものになります。これに対して、炭水化物のみを食べた場合は、グルコースが血流中に非常に速く入るので、インスリンが大量に分泌され、脂肪が蓄積しやすくなるというわけです。

⑦ファイバーサプルメントを使って炭水化物を筋肉内に貯蔵しよう
　水溶性の繊維は、水分を胃にため、炭水化物の血流中への侵入を遅くします。繊維はまた、筋細胞をインスリンに対して敏感にする働きがあります。筋細胞が敏感な場合、摂取した炭水化物は脂肪細胞よりもむしろ筋肉にグリコーゲンとし

て蓄えられます。僕はファイバーサプルメントを食事と一緒に取ることにしています。それは水溶性繊維２ｇに相当するものです。また、豆類やホウレン草のような水溶性の繊維を含んだ食品は、血糖値をコントロールする助けとなる物質を含んでいます。

⑧クロミウム
　クロミウム・ピコリネイトは微量ミネラルの一種で、細胞をインスリンに対して敏感にします。それは細胞壁に働きかけ、インスリンに対する感受性を増加させるのです。研究によれば、"ヘルシーでバランスの取れた"食事をしている者は、このクロミウムが不足しやすいということです。

⑨バナディル・サルフェイト
　クロミウムが細胞壁に働きかけ、インスリンの機能を高めるとすれば、このバナディル・サルフェイトは、筋細胞内で働き、血流中を浮遊しているグルコースをインスリンとは関係なしに、筋肉へ引っ張りこみます。一日に２～４回、10mcgのカプセルを取ることをお勧めします。

⑩フィッシュオイル
　フィッシュオイルは、一般的にオメガ３脂肪酸として知られているものです。魚を多く食べている人は、糖尿病（インスリン機能不全）にかかりにくいということが報告されています。また、多くのフィッシュオイル・サプルメントには、細胞の損傷を防ぎ、細胞壁を強化する働きのあるビタミンＥが含まれています。ですから、このフィッシュオイルをプラスαとして取ることは有効だといえるでしょう。

⑪ウェイトトレーニング
　ウェイトトレーニングは、インスリンの機能を劇的に向上させます。ボディビルのワークアウトでは、大量の筋肉グリコーゲンを使います。グリコーゲンの貯蔵量が少なくなった時、インスリンの働きを含め、すべての炭水化物蓄積システムが刺激されるのです。

■血糖値を計る

　ある時点の血中の糖の量が、糖とアミノ酸を血流から代謝するためにすい臓が

分泌するインスリンの量に影響を与える、ということはすでに分かったと思います。もう一度簡単に言うと、200ｇのパスタを食べれば、100ｇ食べた時よりもより多くのインスリンが分泌されるということです。そして、インスリンの値が下がれば脂肪分解が促進され、体脂肪が減るということになります。

　そこで、どんな食品がインスリンを大量に分泌するのかを血糖値を計ることによって確かめることができます。この血糖値を計る装置は、ジョンソン＆ジョンソン社によって考案された、ステップ・ブラッド・シュガー・モニタリング装置（以下"ステップ"）と呼ばれるものです。この装置を使えば、血中にどのぐらいの糖があるのか調べることができます。使い方はいたって簡単で、鉛筆のような尖ったもので指を突き、装置の上に血を一滴たらして一分間待てばいいのです。すぐに血糖値が分かるでしょう。この装置は、もともとボディビルダー向きではなく糖尿病患者のために考案されたものですが、糖尿病患者とボディビルダーには共通点があります。それは両者とも血糖値とインスリンのレベルをコントロールしようとしている点です。

　この装置によって血中に糖が非常に少ないと分かった場合、血中に糖が大量にある場合と比べて脂肪の代謝が高い傾向にあります。ですから、この装置は、どの食品が血糖値を上げるのか、オフシーズンに調べてみるのに役立ちます。血糖値が高い場合には、多くのインスリンが分泌され、あなたは大きくなっている（しかし脂肪も増えている）と推測することができるでしょう。ボディビルダーは適度なレベルの血糖値とインスリンを望みます。なぜなら、適度なレベルならば、脂肪の蓄積が促されることなくアナボリック状態をつくることができるからです。僕は、同じカロリーの炭水化物を取っても、食品の種類が異なれば、また個人によって、驚くほど血糖値が違うことに気がつきました。たとえば、僕の知っているあるボディビルダーなどは、同じカロリーでも、ヤムいもを食べた時よりもベーグルやパン（ホワイトブレッドを含む）を食べた時の方が少ない血糖値が得られました。また、別のボディビルダーは、パスタを食べ続けても血糖値がそれほど高く上がらなかったのに、ファイブ・ミニッツ・オートミール（インスタントではないもの）で血糖値が急上昇したのです。僕の言いたいポイントはこうです。あなたは自分にとってベストである食品を探すことができますし、それは個人によって違います。ボディビルダーにとってよいと一般に言われている炭水化物が、あなたにとってベストとは限りません。ですから、自分の血糖値のレベルを適度に保ってくれる食品を選ぶことが大切です。そうすればインスリンの分泌をコントロールしやすくなるからです。

　この装置はまた、コンテスト前に血糖値を測定するのに使うことができます。

脂肪を落とすためには、血糖値はオフシーズンより低くなくてはなりませんが、あまり低すぎてはなりません。もちろん、これは炭水化物の量を減らし、有酸素運動を行うことで達成することができますが、正確を期すためには、この"ステップ"が役に立つことでしょう。

　カフェイン、エフェドラ、オーバートレーニング、ストレス、そしてアナボリック系のドラッグは、オフシーズンに計った記録と比べた時に、血糖値の測定に悪影響を与え、その値を変えてしまうことがあります。たとえば、あなたがオフシーズンには一回の食事につき400カロリーのポテトを食べていたとします。これを300カロリーに減らせば、"ステップ"は血中に糖が少なくなっていることを示すでしょう。しかし、時が経てば、300カロリーのポテトに対しても高い値が出ることがあります。これは、体がそれ以上の脂肪の減少を防ごうとする自然な

適応だといえるでしょう。ですから、カロリーをもっと減らす必要があるということになります。また、オーバートレーニングに陥っていたり、カフェインやベータアゴニスト、またはステロイドのようドラッグを使っている場合も、このように血糖値の測定が誤ることがあります。

　この装置でもうひとつ役に立つのは、トレーニング後の食事で、アナボリック状態をつくり出すのに十分なだけの炭水化物が取れているかどうかを（特に減量中に）確認できることです。僕は、トレーニング後には血糖値はいくら高くなってもいいと思います。たとえ減量中でもです。糖尿病患者でない限り、食事後の血糖値は、普通80〜140mg/dlになります。140ml/dlという値が得られれば、インスリンがたっぷりと分泌され、炭水化物とアミノ酸が筋肉に運ばれるので、素早い回復が行われていることになります。減量中のボディビルダーならば、脂肪を落とすために血糖値を80〜90mg/dlぐらいに保ちたいものです。しかし、血糖値が80mg/dlを切るようになれば、今度は筋肉が燃料源として使われるようになってしまいます。

　カフェインやエフェドラ、それにオーバートレーニングは、筋肉におけるインスリン受容器官の感度を鈍らせることによって血糖値の測定を誤らせてしまいますが、バナディル・サルフェイト、クロミウム、フィッシュオイル、ビタミンE、水溶性の食物繊維、それに飽和脂肪を余り含まない食事は、逆の働きをします。これら後者のサプルメントや食品は、インスリンの効用を高めてくれるのです。つまり、インスリンがより筋肉の受容器官に向かうようになるのです。ですから、糖に反応する際に、体はそれほど多くのインスリンを分泌しないので、脂肪を増やすことなく筋肉をつけることができるということになります。

　"ステップ"をいつも使う必要はありませんが、ボディビルダーは毎日同じものを同じ時間に食べる傾向にあるため、自分の食事内容をより細かく調べるために、この装置を使うことができるということで紹介してみました。

SESSION3
グリセミック指数

　一日に5000カロリー食べても脂肪が増えないボディビルダーがいれば、その半分で十分という人もいます。なぜなのでしょうか？　こういった個人における代謝の違いは、除脂肪体重や活動量、ホルモンのレベルに遺伝的体質といった要因によって説明できますが、インスリンのレベルもまた、脂肪の蓄積に大きく関わっていることはすでに学びました。

　プロテインホルモンであるインスリンは、近年ボディビル界で大きな注目を集めてきました。それは、炭水化物を食べた時、上昇する血糖値に反応して、すい臓のβ細胞から分泌されます。タンパク質を食べた時、血中を流れるアミノ酸もインスリンの分泌を促しますが、それほど程度は大きくありません。インスリンが重要だと言われるのは、それが、筋肉内へ炭水化物やアミノ酸を運び込む作用を助け、結果としてグリコーゲンやタンパク質の合成が促進されるからです。つまり、より多くのエネルギー、サイズ、そしてストレングスが得られるというわけです。

　ただし、炭水化物／カロリーを取り過ぎた場合は、問題が生じます。確かに、インスリンは筋発達を促しますが、それはまた、脂肪の蓄積をも促進するのです。インスリンが分泌されると、脂肪の合成において中心的役割を果たす、リポプロティンリパーゼという酵素が活性化されます。その一方で、インスリンは、脂肪の分解を促し、代謝を上げる作用のある酵素の働きを阻害するのです。また、インスリンは、脳にある食欲中枢を刺激します。これにより、体が、より多くの炭水化物を欲するようになるのです。実際、インスリンを大量に注射されたネズミは、胃袋が破裂するまで食べ続けますし、逆にすい臓を取り除かれたネズミは、食欲を失い、餓死してしまうでしょう。

■筋発達のために食べる ——— 最初のステップ

　では、脂肪の蓄積を最小限に抑えながら筋肉を発達させるのに十分なカロリー

を取るには、どうしたらよいのでしょうか？　まず最初に、しっかり食べなければなりませんが、炭水化物を過剰に取らないことです。次に、これが最も重要なのですが、食事の回数を一日5回に分けることです。もちろん、6回に分けられれば、もっといいのですが……。3、4回、いや5回よりも、6回に分けて食べた方が、筋肉を発達させるのには有利なのです。というのは、6回に分けると、一回の食事の量は、それほど多くなくなりますから（スモールミール）、栄養素の吸収が最大になります。それに、体は一日中、継続的な栄養とカロリーの供給を必要としていますから、こういった意味でも6回の食事は理想的なのです。また、スモールミールは、インスリンの分泌をほどよく促進します。適度なレベルでコンスタントに分泌されるインスリンは、筋発達を促すのです。反対に、一回にたくさん食べたり、食事を取ったり取らなかったりすると、高いレベルで散発的にインスリンが分泌され、脂肪の蓄積を招くことになるのです。

　食事の構成も、筋肉を発達させ、脂肪の蓄積を防ぐためには重要です。炭水化物を一日の早い時間に食べた場合は、遅い時間や夜に食べた場合と比べて、インスリンの分泌が少ないことが分かっています。ですから、1回目、2回目、3回目の食事で炭水化物を多めに取り、4回目、5回目、6回目の食事では控えめにした方がいいということが言えるでしょう。特に、夜遅く炭水化物を食べると、脂肪として簡単に蓄積されてしまいます。

　脂肪を減らしたいと思っているボディビルダーに、僕がお勧めする最初のステップは、今まで取っていたのとまったく同じカロリーを毎日取ることです。ただ、4、5回に分けていた食事を6回にし、炭水化物の取り方を変えてみてください。つまり、一日の早い時間に、より多くの炭水化物を取るようにするのです。そうすれば、体が本来備えているインスリン反応を有利な方向に働かせることができるので、血糖値を安定させ、インスリンのレベルを一定に保つことができるのです。これで、カロリーを減らさずに、体脂肪を減らすことができるでしょう。

■筋発達のために食べる───次のステップ

　ほとんどの糖尿病患者は、"グリセミック指数（glycemic index）"というものを知っていると思います。このグリセミック指数というのは、いかに速く炭水化物が取り込まれ、消化されるかを測るものです。つまり、炭水化物がインスリン分泌に与える影響を測定するものなのです。ですから、グリセミック指数は、糖尿病や血液中のグルコース異常減少症の成人にとっては役に立つ考え方でしょう。彼らはインスリンのレベルが高い傾向にあり、食事療法によりインスリンのレベ

第 2 章：食事法

同じ炭水化物でもグリセミック指数の違いにより、インスリンの分泌量が変わります

ルを低くコントロールするように言われています。また、オーバーウェイトの人々も炭水化物を取った時に高いインスリンレベルを経験することがあります。炭水化物が速く分解されればされるほど、より多くのインスリンが分泌され、脂肪が簡単に蓄積されます。インスリンのレベルが高いと、脂肪の蓄積が促され、分解は妨げられますから、肥満している人々が体重管理の一環としてグリセミック指数を使い、インスリンのレベルをコントロールしようとすることもあるでしょう。

　これはボディビルダーにとって望ましいことではありません。ですから、皆さんの中にも、すでにこのグリセミック指数を参考にして、グルコースやアミノ酸をより多く筋肉内に取り込み、脂肪の増加は最小限に抑えようとしている人がいると思います。

　ここで僕がお勧めする、脂肪の量を低く抑えながら筋肉を発達させるための次なる栄養学的ステップは、食べる炭水化物の質を変え、余分なインスリンの分泌、そして脂肪の蓄積を防ぐことです。

　指数表を見てください。食品についている数が多いほど、インスリンの分泌量も多くなります。数が少なければ、インスリンの分泌量も少なくなります。筋発

59

達のために必要なだけカロリーは取りたいが、脂肪はそれほどつけたくないというボディビルダーは、グリセミック指数が50以下の炭水化物を食べるようにするとよいでしょう。

　指数表を見れば、同じ500カロリー食べるなら、ポテトよりもフローズンヨーグルト（ノンファット）の方がインスリン分泌を低く抑えられることが分かるでしょう。

■炭水化物の分解に影響を与える要素

　炭水化物が分解される速度に影響を与える要素がいくつかあります。まずは、遺伝的要因です。いかに速く炭水化物が分解されようが、その影響を受けない人もいます。彼らの体は、一日中同じようにインスリンが分泌されるようにできています。豆を食べようが、プラムを食べようが、キャンディーだろうがクッキーだろうが、同じことです。これらの人々は、生まれながらにしてやせている場合が多いのです。それ以外の人は、グリセミック指数の高いものを食べれば、脂肪が蓄積するでしょうし、急激な血糖値上昇に続いて起こる血糖値の急降下によって気分が悪くなったり、だるさを感じたりすることがあるでしょう。そんな人にとって、グリセミック指数の低い食品を食べることは効果的です。逆に、脂肪が少なく、痩せ気味の人は、グリセミック指数の低いものから高いものを取るように切り替えることができます。痩せている人は、体脂肪が少ないために、いくら炭水化物を取ろうが、常に分泌されるインスリンの量は少ないものです。反対に、脂肪の量が多いと、大量のインスリンを分泌するよう、すい臓が刺激されるのです。

　今述べたこと以外に、炭水化物が分解されるスピードに影響を与える要素について説明しておきましょう。

①食べる速さ

　急いで食べた場合は普通、食物は速く分解されます。ですから、食べるのが遅い人は、インスリンの分泌量が少ないはずです。

②食物繊維

　食物繊維は、炭水化物の分解を遅らせます。血中へのグルコースの侵入を遅らせるからです。また、それは、筋肉におけるインスリン需要器官の感度を高めるので、グルコースが筋肉細胞に取り込まれやすくなります。もし筋肉の受容器官の感度が低ければ、同じだけのグルコースを筋肉内へ取り込むために、すい臓から分泌されるインスリンの量が増えるでしょう。ですから、一般的に言われている炭水化物のグリセミック指数が変わって来るのです。

一般的な食品のグリセミック指数

インスリンを速く分泌させるグループ
◆ 100％
・パフライス
・ライスケーキ
・パフウィート
・麦芽糖
・朝食用シリアル
・ブドウ糖
・ホワイトブレッド
・ウィートブレッド
◆ 90〜100％
・ニンジン
・ポテト
・サトウニンジン（セリ科の植物）
◆ 80〜90％
・ロールオーツ（インスタント）
・ライスクリーム
・インスタントグリッツ
・オートブラン
・マッシュポテト（インスタント）
・ポテト
・コーン
・はちみつ
・白米
・玄米
・バナナ
◆ 70〜79％
・オールブランシリアル
・インゲンマメ

インスリンを適度に分泌させるグループ
◆ 60〜69％
・レーズン
・マーズバー
・スパゲティー（ホワイト＆ウィート）
・ピントビーンズ
・マカロニ
・ガルバンゾビーンズ

・ビート
◆ 50〜59％
・エンドウマメ
・蔗糖
・ポテトチップ
・リンゴ
・オレンジ
・ヤム
◆ 40〜49％
・白インゲンマメ
・ブドウ
・ライ麦パン
・スポンジケーキ
・オートミール
・スイートポテト
・オレンジジュース

インスリンの分泌を低く抑えるグループ
◆ 30〜39％
・ササゲマメ
・ヒヨコマメ
・ナシ
・アイスクリーム
・ミルク（無脂肪乳および普通乳）
・ヨーグルト
・リラマメ
・フローズンヨーグルト
・トマトスープ
◆ 10〜29％
・ヒラマメ
・果糖
・プラム
・モモ
・グレープフルーツ
・チェリー
◆ 10〜19％
・ダイズ
・ピーナッツ

③脂肪とタンパク質
　脂肪とタンパク質は、胃の中での消化を遅らせます。ですから、炭水化物が血中に入るのを遅らせることができるのです。
④食品の分子構造
　炭水化物を選ぶということは、単に、"単純炭水化物""複合炭水化物"という二つのグループに分けるよりも複雑なことです。食品自体の構造、組成によって、スターチ（デンプン／グルコースがつながった長いチェーン）が分解される速さが異なるからです。たとえば、デンプン質の炭水化物であるポテトの指数を見てください。

　インスリンの分泌をコントロールすること、つまり高低のある散発的な分泌ではなく、平均的にコンスタントに分泌させることは、脂肪を増やさずに筋肉を増やすことにつながります。適度で、コンスタントなインスリンの分泌はまた、成長ホルモンの分泌を促進します。逆に、高レベルのインスリンは、成長ホルモンの分泌を抑えてしまうのです。これらのことをよくふまえて、炭水化物の取り方を考えてみましょう。

果汁の指数

◆高いもの
・バナナ

◆中ぐらいのもの
・レーズン
・ナシ
・オレンジ
・リンゴ
・ぶどう

◆低いもの
・モモ
・プラム
・チェリー
・グレープフルーツ

SESSION4
水分補給と筋発達

■水は大切な栄養素

　ボディビルダーのほとんどが、炭水化物、タンパク質、そして脂肪のグラム数を中心に、栄養素の計算を行っていると思います。しかし、僕の見たところ、多くのボディビルダーは、体にとって最も大切な"水"を十分に取っていないようです。水は体にとって最も大切な栄養素です。脳の75％は水でできていますし、血液の82％、筋肉の70％が水なのです。このように、水は筋細胞を含むすべての細胞中に存在します。そして、細胞が栄養素を受け取り、老廃物を排出する媒体の役目を果たしているのです。

　体内で起こるすべての化学反応には、水が関係しています。毎日、あなたの気がつかないうちに、体内では何億という化学反応が起こっています。これには、タンパク合成や、脂肪分解に必要な化学反応も含まれます。ですから、水分の欠乏は、化学反応を遅らせ、スポーツパフォーマンスにネガティブな作用を及ぼします。逆に、水を十分に取っていれば、これらの化学反応が最も望ましいスピードで効率良く起こるのです。このように、十分に水を取っているビルダーは、慢性的に水分が不足しているビルダーよりも、ハードにトレーニングすることができますし、発達も早いのです。

　では、水が体にとっていかに大切か、という例をあげてみましょう。

　たとえ十分なカロリーが取れていなくとも、ハードにトレーニングすることは可能です。しかし、2日間水を飲まずにいたら、トレーニングするエネルギーは、全くなくなってしまうでしょう。人間の体は、食物なしでも脂肪を使って数週間は生きられるようにできています。しかし、水を取れなかった場合、10日をもたないでしょう。

　また、運動している者は、していない者より、ずっと多くの水を必要とします。なぜなら汗をかくことによって、大量の水分とミネラルが失われるからです。で

すから、運動している者が水を取らなければ、5日以内に死んでしまうかもしれません。

　平均的な成人の場合、一日に最大2ℓの水を消費、排出します。しかし、ボディビルダーの場合は、これよりずっと多くの水が必要です。つまり、筋量が多ければ多いほど、それだけ多くの水が必要となるのです。体重70kgでトレーニングを行っていない平均的な男性は、93kgあるボディビルダーの3分の1の量、140kgあるボディビルダーの半分の量しか水を必要としません。それに、ボディビルダーは、座りがちな人より、たくさん汗をかくので、余計に水分が失われてしまいます。さらに、ウェイトトレーニングは、体内で何千という化学反応を引き起こします。このことだけでも、水分の必要量を爆発的に増やすのです。また、暑い場所でトレーニングしているビルダーは、さらに多くの水を失っていると思わなければなりません。

　では一体、一日にどのくらい水を取ったらよいのでしょうか。最低限度の目安を示しておきましょう。

体重（kg）	必要な水分量（ℓ）
45～68	4
69～91	5
91以上	6

　多くの人にとって、喉の渇きは、体が水を必要としているというシグナルです。この喉が渇くという感覚は、血中の塩分量によってコントロールされています。塩分量が高ければ、脳に指令が送られ、それは喉の渇きとして体験されます。血中の塩分はまた、口の渇きを起こし、これは、もっと水を飲めという合図になります。しかし、多くのボディビルダーは、塩分の低い食事をしています。ですから、喉の渇きが常に信頼できるシグナルだとは限りません。喉や口が渇かなくても、細胞レベルで水分が不足していることがあるのです。

　また、塩分を多めに取っているボディビルダーは、電解質バランスを保ち、塩分を体外へ排出するために、より多くの水を取らねばなりません。もし、塩分の高い食事をしているのに、その塩分を体外へ排出するのに十分なだけの水を取らなかった場合、体はスムーズに見えてしまいます。

　それに、以前述べたことがあるので知っていると思いますが、ボディビルダーには、除脂肪体重1kg当たり、少なくとも2gのタンパク質が必要です。このように、高タンパクを摂取する場合にも、十分な水を取ることが必要になります。これは、タンパク質が代謝されるときに生じた老廃物を排出する役目を担う腎臓をサポートするためなのです。

喉が渇いていなくとも、細胞レベルで水分が不足している事があります

　水は、取り過ぎるということがありません。人間の体は、余分な水をサッと排出するようにできていますから、ご心配なく。

■細胞への水分補給と筋発達

　スポーツ栄養学における最新の進歩の一つに、"セル・ボリューマイジング(cell volumizing)"があげられます。セル・ボリューマイジングとは、筋細胞中に含まれる水の量を表すのに使われる言葉です。細胞中の水のレベルが高い場合、筋発達が起こりますが、低い場合には、筋発達が止まってしまうことが分かっています。
　筋発達のためには、細胞を膨張させておくことです。細胞が膨らめば、タンパク合成やグリコーゲン合成が促進され、筋グリコーゲンの分解が防げられるからです。
　筋細胞を膨張させておく最も簡単な方法は、毎日水をたっぷり取ることです。次に、あなたの食事が十分な炭水化物とタンパク質を含み、なおかつ、これらが毎回の食事に二つ一緒に含まれているかどうか確認しましょう。炭水化物とタンパク質の組み合わせは、インスリンというホルモンの分泌を促進します。インス

リンは、炭水化物を筋肉に運び、グリコーゲンを作ります。グリコーゲンとは、炭水化物が蓄えられるときの形です。このグリコーゲンは、大量の水を筋肉へ引き付けます。このことは、筋肉の分解を防ぎながら筋発達を促すことを意味します。

インスリンはまた、アミノ酸を筋肉へ運びます。アミノ酸、特にブランチド・チェーン・アミノ・アシッド（BCAA）は、筋肉を発達可能状態にするシグナルとなります。

ナトリウムは、一般に、筋細胞の外に存在するミネラルですが、インスリンは炭水化物とタンパク質を筋肉へ運ぶときに、このナトリウムも引っ張り込みます。ナトリウムが筋細胞中に入れば、そのナトリウムを薄めるために、水が細胞中へ流れ込みます（ナトリウムは細胞外にあるべきで、細胞中にあるべきではありませんから）。これは、さらなるセル・ボリューマイジングを引き起こします。

セル・ボリューマイジングを引き起こすためにできることのラストは、サプルメントを使うことです。OKGはアミノ酸の一種であるグルタミンの前駆物質です。ブランチド・チェーン・アミノ・アシッドもまた、グルタミンのレベルを高く保つのに役立ちます。BCAAは、グルタミンを合成するために、筋肉中で使われます。グルタミンの合成が高まれば（BCAAやOKGを取ることによって）、より多くのBCAAが細胞中に運び込まれ、さらなる膨張を促します。また、グルタミンのレベルが高いと、理想的な発達が起こりますが、グルタミンのレベルが非常に低い場合、たとえカロリー、炭水化物、そしてタンパク質が十分に取れていても、筋肉をつけることは不可能です。

ボディビルダーの多くが、より良いワークアウトを行うために、カフェインピル、コーラナッツ、コーヒー、エフェドリン、マオウ等を使っています。これらの製品は体から水を奪うので、必ず補うようにしてください。

最後に、食べ過ぎると、体が一定以上のグルタミンレベルを保つことができない状態になります。食べ過ぎは、ボディビルダーにとって最悪ですから、避けるよう努めましょう。

SESSION5
効果的なサプルメントと上手な使い方

　何百ものサプルメントが市場に出回り、それらは、"絶大な効果あり"と謳われています。しかし、実際のところはどうなんでしょう？　仮に、それらが効くとしても、どの程度の効果を生んでくれるのでしょうか？

　僕はサプルメントを信じますし、今まで多くのボディビルダーに勧めてきました。しかし、サプルメントは、ハードトレーニングや正しい食事、十分な休息の代わりにはなりません。トレーニング、食事、休息、これら三つの要素がバランスよく満たされたときに初めて、僕はボディビルダーにサプルメントを取ることを勧めます。ところが、多くの広告は、これと反対のことを言っています。それらは、ボディビルダーをそそのかし、トレーニングを始めたその日から、何種類ものサプルメントを使うように仕向けるのです。

　ほとんどのボディビルダーが犯してしまう過ちは、トレーニングと食事の基礎をマスターしそびれることです。彼らは、この二つに関して一応は理解していますが、完全に理解しているのかどうかは怪しいものです。同じことはサプルメントについても言えます。多くの者は、何を取ったらよいか分からず、また、それらがどのように効くのかも知らないのです。そんなボディビルダーのために、では、今から、最もお勧めできるサプルメントを紹介しましょう。

■年間を通して使いたいサプルメント

◎プロテインパウダー
　良質のプロテインパウダーは、食物から脂肪、炭水化物、水気を取り去ったものです。パウダーは胃にやさしいので、タンパク質の消化には、チキンや魚、肉などの食物から取るよりも、パウダーで取ったほうがずっと良いのです。そして、そのほとんどが乾燥卵白とノンファットミルクからできています。卵白とミルクはすばらしいタンパク源です。それに、ミルク・エッグプロテインは、値段もそれほど高くありません。

覚えておいてほしいのは、一日に取るタンパク質の総量よりも、その質、そして吸収の度合いが重要だということです。プロテインパウダーは可溶性で、可溶性のタンパク質は吸収されやすいのです。チキン等の肉類、魚類は可溶性ではありません。それらは、まず口の中でかみ砕かれ、それから胃酸の働きによって溶けやすくなるのです。タンパク質が可溶性の状態になったときに初めて、アミノ酸が得られますから、可溶性であるプロテインパウダーが優れていることは言うまでもありません。

　また、ウェイプロテインは、従来のミルク・エッグプロテインよりも優れています。ウェイはミルクから得られ、ウェイプロテインは、ブランチド・チェーン・アミノ・アシッド（後で説明します）を高い割合で含んでいます。素早い吸収のために酵素的な処理がされているウェイプロテインか、低温処理されているウェイプロテインを探しましょう。パウダーから水分を取り除くために、しばしば熱処理が施されますが、残念ながら、その熱処理により、タンパク質がいくらか破壊されることがあるのです。ですから、筋肉を作るのに理想的なタンパク源なのです。

　今、最も優れたパウダーはウェイプロテインだと言いましたが、それらはまた、酵素の働きにより、速やかに消化されます。メトマックス、ダイエットフューエル、そしてデザイナーウェイプロテイン、これら三つの製品は皆、このウェイプロテインを含んでいます。ウェイプロテインはブランチド・チェーン・アミノ・アシッドの含有量が高く、アミノ酸が約30分で小腸から吸収されます。チキンは、それがアミノ酸になって最終的に吸収されるまで、2時間はかかります。

◎ブランチド・チェーン・アミノ・アシッド（BCAA）
　ブランチド・チェーン・アミノ酸とは、ロイシン、イソロイシン、バリンのことです。これらのアミノ酸は、ハードトレーニング中にエネルギーとして使われます。ハードにトレーニングすればするほど、たくさん必要になるのです。減量中のボディビルダーは、特にこのBCAAが必要になります。体内のカロリーや炭水化物が減ると、BCAAの必要量が増えるからです。

　取り方としては、トレーニングの前後に取るのが賢明です。体がBCAAを必要としているのに補給しなかった場合、体は筋肉を破壊し、そこからBCAAを引き出そうとするのです。これをカタボリズムと呼ぶことは以前お話したと思います。BCAAは、このカタボリズムを防ぐだけでなく、アナボリズムと呼ばれるタンパク質の生成を助けます。さらに、必要な場合には、グルコースをエネルギーとして生成してくれるのです。ですから、減量中のボディビルダーにとって

第2章：食事法

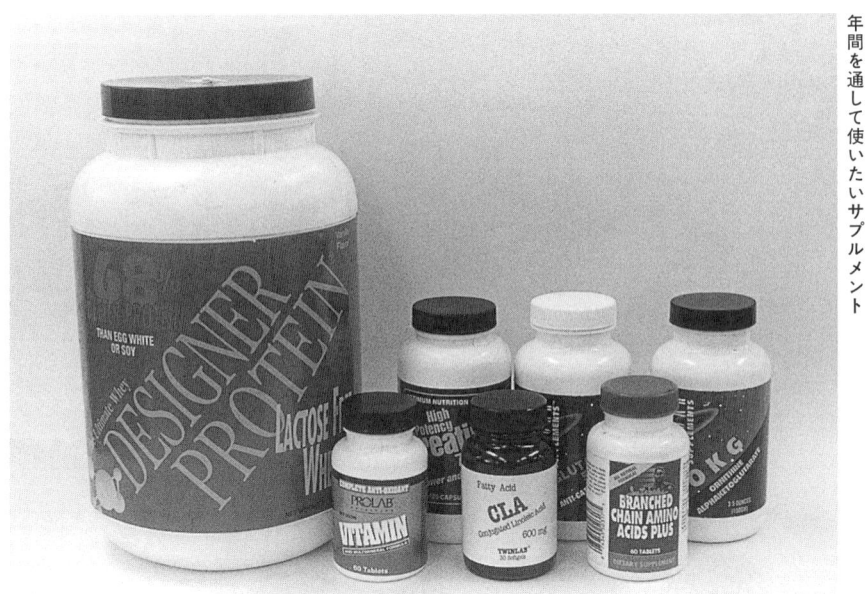

年間を通して使いたいサプリメント

は一石二鳥というわけです。

　BCAAをトレーニングの前後に取れば、筋肉がそれを燃料としてすぐに使うことができます。逆に取らなかった場合、体がBCAAを得るために、筋肉を破壊してしまうことだってあり得ます。また、BCAAはグルコースを生成すると言いましたが、グルコースとは燃料として使われるもので、BCAAの必要量を抑え、BCAAを得るための筋肉破壊を防いでくれます。減量中のビルダーには特に効果的なので、2～4gを、トレーニングの前と後に取ってみてください。

◎グルタミン
　グルタミンは非必須アミノ酸の一つで、筋肉中にあるトータルアミノ酸の50～60％含んでいます。ボディビルダーは、ハードワークで発生する有毒なアンモニアが増えるのを抑制するために、トレーニング中、そして終了後直ちに大量のグルタミンを摂取します。筋肉が動いたとき、筋肉を成長させるのに有害なアンモニアが生成されます。グルタミンはそのアンモニアと戦うために、筋肉から血液の中に流出します。筋肉内のグルタミンレベルが低くなると、筋肉の成長はほとんどできません。筋肉の成長は、筋肉内の高いグルタミンレベルと関連しているからです。

　グルタミンが筋肉から流出したとき、我々の体は他のアミノ酸（特に

BCAA）からグルタミンを作ることにより筋肉のレベルを高く保とうとします。しかし、BCAAがグルタミンに再合成されるときに、トレーニング中に筋肉へ直接供給しているBCAAの仕事を奪います。ですから、ダイエット中は、BCAAを加えることも忘れないでください。

　トレーニングや病気で体にストレスを感じているとき、グルタミンは免疫システムをサポートするため、再補給するために筋肉から流出します。免疫システムは、筋肉成長よりも優先されます。つまり筋肉成長を促進するために筋肉内に十分なグルタミンを貯蓄する前に、免疫システムのためにグルタミンは使われるのです。グルタミンレベルを増やすよい方法は、BCAAや良質のプロティンパウダーとともにサプルメントで摂取することです。そして、オーバートレーニングを避け、決して病気のときや疲れているときにトレーニングをしないことです。筋肉内のグルタミンレベルを満たすために、トレーニング後２～３ｇ取ってみてください。

◎オルニチン・アルファ・ケトグルタレイト

　オルニチン・アルファ・ケトグルタレイト（OKG）は、グルタミンと似た分子構造をしており、その効用は一つではありません。

　まずは、アンモニアの除去です。OKGは体から余分なアンモニアを取り除いてくれます。アンモニアは、高タンパクの食事やハードトレーニングの結果生じる毒素であり、余分なアンモニアは、筋収縮、エネルギー生成、そして回復の妨げとなるのです。

　またOKGは、必要に応じてアルギニンを生成してくれます。アルギニンは、極度のストレス下にある場合や筋肉疲労が激しいとき、成人にとっては不可欠なアミノ酸です。それに加えてOKGは、それ自身をBCAAに変え、必要とあらばBCAAの蓄えを補給することができるのです。

　また、OKGの最も大切な作用として、筋肉内のグルタミンレベルを上げてくれるということがあります。グルタミンは、筋肉内において最も消耗の激しいアミノ酸です。筋中のグルタミンレベルが低い場合、いくら正しい食事を取り、トレーニングをきちんと行っていても、筋肉の成長はストップしてしまいます。

　２～４ｇを一日５回、食事と一緒にとってみてください。

◎クレアチン・モノハイドレイト

　クレアチンは、クレアチン・フォスフェイト（CP）として体内で発見されました。CPとは、各セットの最初の５～６レップスの間にエネルギー源となるもの

です。CPはまた、体の燃料の主な源であるATPの生成を助けます。

　クレアチン・モノハイドレイトをサプルメントとして取ることは、CPのレベルを増加させます。結果として、耐久力が増し、ストレングスの面でも大きな伸びが見られるでしょう。

　クレアチンをOKGと一緒に取れば、筋細胞の膨張が促されます。筋細胞の膨張は、筋肉内でニトロゲン（窒素）・バランスをポジティブに促すスイッチとして働きます。

　3日間、10〜15gを5回の食事に分けて取り、次の7日間には5〜7gを同じように取ります。

◎ビタミン＆ミネラル

　多分、ほとんどの人が何らかのビタミン／ミネラル・サプルメントを使っていることでしょう。アメリカでは、RDA（Recommended Daily Allowances）という表示で一日の摂取推奨量が書かれています。多くの人は、この表示通りに摂取していれば良いかと思うでしょうが、僕はこの表示の少なくとも200％は取るべきだと思います。と言うのも、このRDAは活動的でない体重約55kgの女性か、体重約70kgの男性に対して決められているからです。もしあなたの体重がもっとあればビタミン＆ミネラルの必要量は増えますし、もしウェイトトレーニングを行っているならば、その必要量はさらに増えます。ダイエット中やバラエティに富んだ食事をしていないときも、ビタミン＆ミネラルの必要量は増します。

　また、メーカーにかかわらず、ビタミンサプルメントを選ぶ時に気をつけてほしいのは、それがビタミンC、Eおよびベータカロチンを多めに含んでいるかどうか確認することです。これらのビタミンには、抗酸化作用があります。フリーラジカル（活性酸素）の大量発生は筋肉細胞にダメージを与え、グルコース耐性を妨げ、筋肉に炎症を生じさせ、コルチゾールレベルを増します。コルチゾールとは、テストステロンとは逆に働くホルモンですので、筋肉細胞を破壊します。酸化物質はハードトレーニングによって生じ、細胞の代謝を妨げます。そして、筋細胞の表層にダメージを与え、インスリンの効果を奪ってしまいます。また、筋肉の回復も遅らせるのです。ボディビルダーならば、1日にビタミンC 2〜3g、ビタミンE 400IU、ベータカロチン20000IU以上取っても良いと思います。

◎フィッシュ・オイル
　サケやサバ、それにマグロといった寒水魚は、オメガ3脂肪酸を含んでいます。

これらの脂肪酸は、プロスタグランジンの分泌を抑えてくれます。プロスタグランジンとは、ホルモンの一種で、体内でいくつかの化学反応を起こすものです。このプロスタグランジンには、善玉と悪玉があり、悪玉の一つはハードトレーニングによって生じます。そして、筋肉細胞を刺激し、細胞の表層を傷つけるのです。

魚を多く食べる民族は、糖尿病にかかる率が低いという調査結果があります。フィッシュオイルは筋肉のインスリンレセプターを敏感にします。これは炭水化物を摂取したときに分泌されるインスリンの量が少なくてすむということです。適度なインスリンレベルは、脂肪の蓄積を抑え、炭水化物とタンパク質食品から得られたアミノ酸を筋肉細胞に追いやることでアナボリック状態を促進します。また、ハードワークやストレスによる炎症を緩和し、筋肉内のグルタミンレベルを増します。オメガ３脂肪酸を１日に350mg最低でも取ってください。

■減量中にお勧めするサプルメント

◎ポタシウム（カリウム）

これは普通、ビタミン／ミネラル剤の中に含まれていると思いますが、あえてここで触れるのは、ほとんどの人が食事から十分に取れていないからです。ポタシウムは、クレアチンやOKGのように、筋肉の膨張に効果があります。また、炭水化物の代謝や、筋収縮にも必要なものです。

ボディビルダーの多くがコンテスト前の10日間に、ポタシウムのサプルメントを使います。これは、カリウムとナトリウムの割合を変え、体にナトリウムよりもカリウムが多くあるようにすると、いくらかコンディションがよく見えるからです。

◎クロミウム

クロミウム・ピコリネイトは、微量ミネラルとして、カキや豆類、ビール酵母や穀類の中に発見されました。これは摂取するのが困難なミネラルです。アメリカ合衆国における調査によると、一日に4000カロリー以上取っているフットボールプレーヤーたちは、ミネラル不足に陥っているということでした。

クロミウムは、インスリンに対する筋肉の感度を高めます。インスリンとは、発達のために炭水化物とBCAAを筋肉内に取り込むホルモンです。問題は、運動不足、食物繊維の不足、老化、薬物の摂取等によって、筋肉がインスリンに対する感度を失うことがあるということです。これに対して、クロミウムは、筋肉

のインスリンに対する感度を高めてくれます。筋肉においてインスリンに対する感度が高まるということは、炭水化物やBCAAが、より素早く筋細胞に取り込まれるということなのです。

　また、筋肉のインスリンに対する感度が低いと、体脂肪の増加につながります。なぜなら、筋肉における感度が低いと、脂肪細胞における感度が高くなるからです（脂肪もまたインスリンの受容器官だからです）。逆に、筋肉における感度が高いと、脂肪細胞における感度は低くなります。

　クロミウムは減量中に最も不足しやすいミネラルでもありますので、サプルメントで補う必要があるのです。一日に200～300mcgを取ってみてください。

◎ハイドロキシ・サイトレイト

　これは、別名ガルシニア・カンボジアと呼ばれ、余った炭水化物を脂肪に変える酵素システムを抑えるハーブとして知られてきました。ガルシニア・カンボジアはアフリカと中近東地域に見られるタマリンドというフルーツから得られます。炭水化物を食べ過ぎたとき、体から大量のインスリンが分泌され、余分な炭水化物から体脂肪を作るように特定の酵素にメッセージが送られます。ガルシニアは、一時的に、ATPシトレイトリアーゼという酵素の働きを妨げます。シトレイトリアーゼは余分な炭水化物を体脂肪として蓄えるアセチルコエンザイムAを生成

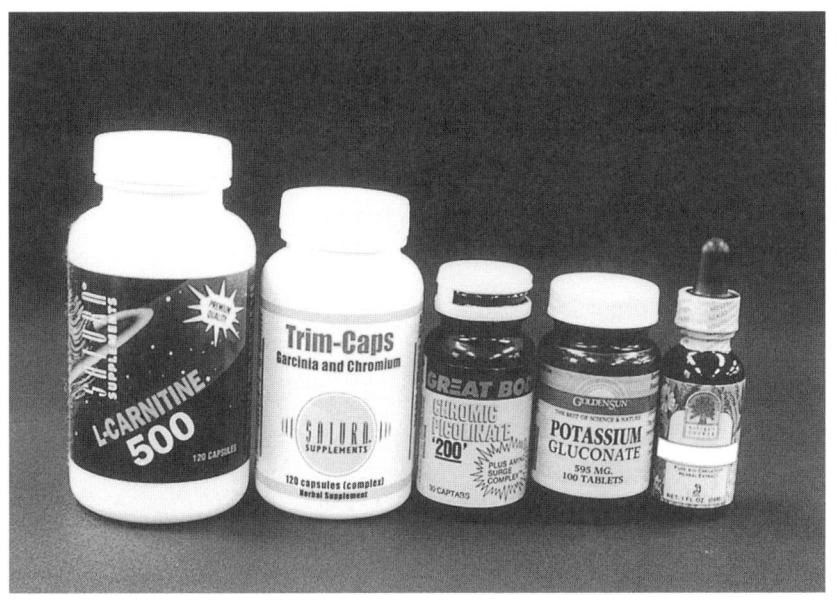

減量中にお勧めしたいサプルメント

するものです。

　ガルシニアのもう一つの効用は、余分な炭水化物を脂肪以外のどこかへ押しやることです。それは、主に肝臓と筋肉なので、グリコーゲンの蓄えが常に多いという事になります。グリコーゲンの蓄えが多いと回復に役立ちます。一日に3～4回、食事の20分前に250mgのハイドロキシ・サイトレイトを取ってみてください。但し、朝食とトレーニング後の食事は体脂肪として蓄積される傾向は低いので、そのほかの食事の前にガルシニアを取ります。もし、この量で結果が得られなければ、500mg～750mgまで摂取量を増やします。

◎カフェイン
　コーヒーや紅茶、チョコレート等に含まれ、パワー系、エアロビック系の両方のアスリートにとって長い間アーゴジェニックエイドとして使われてきました。カフェインは脂肪組織（体脂肪）において、脂肪の分解を促進することによって持久力を高めます。有酸素運動の前に摂ることで、運動が容易になったように思われ、アスリートはより長くトレーニングができ、より多くの脂肪とカロリーを燃やすことができます。カフェインはまた、神経と筋肉の結合部分で神経からの神経伝達物質の分泌を促進することにより、筋収縮をより強いものにします。

　脂肪細胞からの脂肪酸の分泌を増すと言うカフェインの働きは、炭水化物がコーヒーとともに摂取されると阻害されます。ですから、脂肪を落とすことが目的のオンシーズンにおいては、炭水化物とともにカフェインを取ることはお勧めできません。トレーニング前にカフェインを100mg～200mg（コーヒー約2杯分）を摂取すると良いでしょう。最近は、サプリメントのプレワークアウトドリンク（トレーニングの前に摂る水にミックスして飲むサプリメント）には、そのほとんどの商品に十分な量のカフェインが含まれています。

◎フィッシュオイル
　青魚に含まれるオメガ3脂肪酸は、筋肉にあるレセプターのインスリンに対する感受性を高めてくれる働きをするので、身体はそれほど多くのインスリンを分泌しなくて済みます。つまり、脂肪の蓄積を抑える傾向になり、インスリンはその本来の仕事、炭水化物とアミノ酸を筋肉組織に運ぶことを遂行できる訳です。

　減量中に油（オイル）？　と思われる方も多いと思いますが、大量に

魚を食べる地方の人々（例えば北欧諸国）が、そうでない地域（アメリカなど）の人々よりも糖尿病患者が少ないことからも、魚の脂を摂ることで肥満の予防になることが証明されています。
　1日に4000mgを目安に摂って下さい。

◎カルニチン
　L—カルニチンは、筋細胞中のミトコンドリアと呼ばれる、脂肪が最終的に燃料として使われる場所へ運ぶ助けとなります。脂肪はそこでエネルギーとして使われます。減量中にカルニチンが不足した場合、脂肪が落ちにくくなります。カルニチンは間接的なアナボリック物質です。それは脂肪がエネルギーとして使われるよう促し、結果的にタンパク質や炭水化物がエネルギーとして使われるのを防いでくれるのです。ただし、カルニチンが脂肪燃焼に効果を発揮するのは、減量している場合です。ということは、カロリーを減らし、有酸素運動を始めなければならないということです。ただカルニチンを使っているだけで、減量を行なわなければ、脂肪の燃焼は促進されません。また、カルニチンには、タンパク代謝の結果生じ、筋肉疲労を招くアンモニアを血液中より除去してくれる働きがあります。
　このカルニチンは、有酸素運動の30分〜45分前に取ると最も効果的でしょう。もし、あなたが有酸素運動を行わないならば、ウェイトトレーニングの前に取ると良いでしょう。一日に250〜1000mgを取ってみてください。

■オフにお勧めするサプルメント

◎ウェイトゲイン・パウダー
　このウェイトゲイン・パウダーは、オフだからといってすべての人に勧められるサプルメントではありません。ウェイトゲイン・パウダーは、多くの炭水化物、中程度のタンパク質、そして脂肪はほとんど含まれないパウダーサプルメントで、そのカロリーはとても高いのです。ですから、1日に5〜6回の食事がきちんと取れている人、食事からきちんと炭水化物が取れている人などは使う必要はありません。食事がきちんと取れない人や、胃腸が弱く一度に多くの食事が取れない人、またたくさん食べてもなかなか体重の増えない人などにお勧めします。取り方は2通り考えられます。一つは、通常の食事の代わりに取る。これは仕事など

が忙しくて、なかなか時間どおりに食事が取れない人です。ですから、この場合、1回の食事分位のカロリーを取らなくてはなりませんので、そのカロリーはかなり高くなくてはなりません。ですから、たった1杯で500カロリー前後取れるウェイトゲイン・パウダーは、非常に便利だと思います。もう一つは、食事と一緒に取る方法。これは毎回の食事で腹一杯食べてもなかなか体重が増えないという人が、さらに追加のカロリーを得たい場合、このウェイトゲイン・パウダーをドリンクにして飲めば、今まで以上のカロリーが取れます。また、胃腸の弱い人にとっては、1回の食事を少なめにして、代わりにこのウェイトゲイン・パウダー

を使えば、もたれたり、次の食事の時間までにおなかがすかないなんて事は避けられると思います。

　何回も述べますが、このウェイトゲイン・パウダーは、飲んだからといって必ずしも筋量が増えるというものではありません。一番重要なのは、ハードにトレーニングをするという事ですから、これを抜きにウェイトゲイン・パウダーを飲んでも筋量は決して増えません。体重は増えると思いますが、それはほとんど脂肪からでしょう。

◎ペプチドボンド・アミノ酸
　アミノ酸は、オフに非常に有効なサプルメントです。但しこれはフリーフォーム・アミノ酸ではなく、ペプチドボンド・アミノ酸です。ペプチドボンド・アミノ酸は2つ以上のアミノ酸分子が鎖状につながっているもので、消化・吸収しやすいようになっているアミノ酸です。このペプチドボンド・アミノ酸を食事と一緒に取れば、始めに消化・吸収されるのがペプチドボンド・アミノ酸で、次に食事から取ったタンパク質が消化・吸収されて血液に流れ込みます。これは、常に血中の窒素バランスを一定に保つことになり、結果としてアナボリック状態を常に作っていられるということになります。

■お勧めできないサプルメント

◎バナディル・サルフェイト
　今まで述べたサプルメントは、すべてお勧めできるものです。しかし、このバナディル・サルフェイトは僕が試した限りでは、効果がほとんどありませんでした。しかしながら、バナディルを取ることによって、ハードさや、より良いパンプが得られると感じるビルダーもいるようです。

　バナディルは、クロミウムの仲間です。クロミウムが筋細胞の表層におけるインスリンの感度を高めるのに対し、バナディルは筋細胞の内部で働きます。バナディルは、バキュームのように働き、BCAAや炭水化物を、細胞に引っ張り込むのです。ただ一つ、僕が問題だと感じるのは、バナディルの効果を実証する研究はすべて糖尿病のラットに対して行われたもので、健康な人を対象にしたものではないということです。

　一日に10〜30mgを適当に分けて取ってみてください。

◎フリーフォーム・アミノ酸

ボディビルにおいて、フリーフォム・アミノ酸が流行った時期がありました。このアミノ酸は、カプセルに入っており、消化する必要がありません。というのは、カプセルの中に入っている8～22種類のアミノ酸は、互いに結び付いているわけではないからです。それらは、お互いから"フリー"な状態なのです。アミノ酸が結び付いている場合は、そのつながりを断ち切り、アミノ酸を活用するために、消化器系が働く必要があります。そこで、サプルメント会社は、フリーフォームのアミノ酸は消化する必要がないので、カプセルを飲んだらすぐに筋肉に吸収される、とボディビルダー達に宣伝しています。ところが、これは大間違いです！　アミノ酸がフリーフォームであるがゆえに、全く反対のことが起こるのです。体は、食物に含まれている天然の状態で結び付いているタンパク質やアミノ酸を分解するようにできているし、そうすることに慣れています。そう、食物から得られるアミノ酸は、互いが結び付いているのです。ところが、体にフリーフォームのアミノ酸を取り込めば、消化器系が混乱してしまいます。消化器系は結び付いているアミノ酸のみを使うことができ、つながりのないものや、単体のものは利用することができないのです。ですから、高いお金を払ってフリーフォームのアミノ酸を取ることは、お金の無駄遣いといえます。フリーフォームのアミノ酸はほとんど吸収されないのですから。

　今日、ほとんどの会社は食物から取ったアミノ酸を販売しています。ミルク、卵、それにウェイがポピュラーなものです。会社は、これらの食物から炭水化物と脂肪を取り除き、乾燥させてピルに詰めます。ほとんどの会社がタンパク質の分解を速める酵素をピルに入れていますから、アミノ酸が血流中に入り、最終的には筋肉にかなり速く届くことになります。それに、このピルは食物からつくられているので、体は素早くそれぞれのアミノ酸のつながりを断ち、それらを使うことができます。しかし、これはタンパク質を取る方法としては高い、と言えるでしょう。普通、アミノ酸のピルは、1～2ｇのタンパク質を含んでいます。チキンを200ｇ食べれば、40ｇのタンパク質が取れ、これは20～40個ものアミノ酸のピルに相当します。それに、これらのピルは、アミノ酸ではなく、タンパク質のピルと呼ばれるべきです。なぜなら、それが、これらのピルの本当の姿だからです。つまり、タンパク質食品から脂肪と炭水化物を取り除き、消化を促進する酵素を入れたもの、であるからです。

第3章

減量

SESSION 1
太る原因を把握する

　体重（脂肪）を減らしたい、と思っている人のほとんどは、なぜ太ってしまったのか、という理由を分かっていません。彼らは、この問題に対する回答を見つける代わりに、手軽なダイエット法や薬に飛びついたり、ダイエットセンターに駆け込んだりします。そして、スーパーマーケットでも簡単に手に入るようなダイエット食品やウェイトロスパウダーを高い値段で買わされてしまったりするのです。これらの減量方法は、それぞれ一見全く別もののようですが、実はどれもカロリー制限をしているに過ぎません。

　体重を減らそうとしている人なら、何もボディビルダーでなくとも、カロリーを減らすのが効果的だということを知っています。摂取カロリーが消費カロリーよりも少ない場合、又は、以前よりも食べるカロリーを減らした場合、体がカロリーの不足を察知し、蓄えられている脂肪をエネルギーとして使い始めるのです。巷には、数え切れないほどのダイエット本、商業目的のエステティックサロン、そしてダイエットについて書かれた記事が氾濫しています。これはひとえに、ダイエットは効果があるからです。カロリー制限をすることは、確かに体重の減少を促すからです。しかし、この場合、多くの人が既に気づいているように、減った体重のすべてが脂肪というわけではありません。筋肉も同時に失っているのです。

　体脂肪を減らし、生涯その状態を保とうと思うのならば、脂肪の蓄積を促す要因を突き止め、それらを排除し、逆に脂肪の分解を促すような方法を活用していくことが大切です。

■食べ過ぎは体重増加の原因ナンバーワン

　座っていることの多い人が食べ過ぎて体重が増えた場合、増えた分の70〜80%は脂肪です。驚くべきことですが、増えた体重のいくらかは、筋肉や結合組織なのです。これは、増えた分の体重を支えるために起こる現象です。

ここで、食べ過ぎが体重増加につながるということは容易に理解できると思いますが、ボディビルダーの中には、この考え方に納得いかない人がいるのではないでしょうか。多くのボディビルダーは、高カロリーな食事がアナボリック状態を作り出し、トレーニングをハードに行っている限り余分なカロリーを燃やすことができると信じているからです。

　しかし、カロリーを多く取れば、それだけ筋肉が発達する、というような結果を示す研究には、お目にかかったことがありません。たとえ、そのカロリーが、いかに低脂肪の食品から得られたものだとしてもです。僕の経験から言えることは、高カロリーな食事は、かなりの割合で体脂肪を増加させるということです。

　一番いいのは、活動量に見合ったカロリーを摂取することです。もし、筋肉をつけたいのであれば、少しずつカロリーを増やしてみましょう。脂肪を減らすことが目的の場合は、少しずつカロリーを減らしてみるとよいでしょう。

■1ポンドの脂肪を落とすには

　多くの運動生理学者や栄養学者たちは、3500カロリーが1ポンド（約450ｇ）の脂肪に匹敵すると言っています。彼らによれば、体が必要とするよりも3500カロリー余計に食べた時に、1ポンド脂肪が蓄積されるということです。もし、体が必要とするよりも3500カロリー少なく食べたなら、1ポンド脂肪が減るのです。1ポンドの脂肪を落とす別の方法は、食べる量は同じに保ち、運動で3500カロリーを燃焼させるというものです。ほとんどの学者は、カロリーの摂取量を減らしながら運動量を増やし、脂肪を落とすという方法を勧めています。

　しかし、実験室の中の運動生理学は、現実の世界とは違います。たとえ、その分野で博士号をもっていたとしても、彼の唱える理論が常に正しいとは限りません。脂肪を減らして筋肉を得るのに、時には科学より常識の方が役に立つことがあります。これから、1ポンドの脂肪を落とすための僕が信じる方法を述べましょう。

　脂肪を落とすためには、カロリーを減らさなければなりません。しかし、あまり過激にカロリーを減らすと、体はその不足分を補おうとして、脂肪を燃料として蓄えようとします。体を脂肪燃焼モードに変えるような不足分とは、全カロリーの約10％なのです。一日に2400カロリー取っている人ならば、240カロリー減らすだけで脂肪が減ります。これでいくと、14日で1ポンドの体脂肪を減らすのに十分なカロリーが体から出ていくことになります（約3360カロリー）。しかも、このくらいでは、あまり食事の内容は変わりませんので、本人もダイエットをし

ているという感じにはなりません。ですから、長い間ダイエットできるというわけです。また、ハードにトレーニングし、筋肉を発達させるのに十分なだけ食べられますし、それほど厳しくカロリーを減らしているわけではないので、代謝も安定しています。カロリーが不足し過ぎると、代謝が鈍り、脂肪を減らすのがとても難しくなります。それに厳しいダイエットはエネルギーを奪うので、筋肉を発達させたり維持したりするためのトレーニングができなくなってしまうのです。

140日、つまり今述べた14日間ダイエットを10サイクル行ったところで、健康に関する専門家の計算によれば、10ポンドの脂肪が減っていることになります。しかし、実際はもっと多くの脂肪が減るのです！ 体脂肪が1ポンド減るたびに、体組成（筋肉と脂肪の割合）が変わるからです。脂肪が減れば減るほど、この割合は望ましいものになります。そして、この割合がより望ましいものになれば、代謝も上がるのです。代謝が高く、筋肉と脂肪の割合が筋肉の方に傾いている場合、脂肪の減少は速まります。これと似たような例があります。10000ドルを銀行の口座にねかせておくと、利息が10パーセントつくので10年で20000ドルになると、ほとんどの人は単純に考えますが、実際には25000ドル以上になるのです。このように、カロリーをゆっくりと減らしている人は、最初の計算上の10ポンドよりも多い、25％以上の脂肪を落とすことができるのです。そして、トレーニングを正しく行えば（カロリー摂取を急激に減らしていないのでハードにトレーニングできるはずです）、さらに新しい筋肉を発達させ続けることができ、そうなれば代謝が上がるので、さらに脂肪が減っていくというわけです。

もう一点付け加えておくと、体脂肪がゆっくりと落ちた場合、体は、インスリン（炭水化物を食べた時に得られるグルコースに反応して分泌される）の分泌を少なくすることによって、その状態に適応し始めます。このインスリンのレベルが下がれば、脂肪の分解が行われやすくなり、蓄積はされにくくなります。

結果、1ポンドの脂肪を燃やすのに必要なカロリーは、3500というのが妥当なところですが、この値はしばしば誤解され、うまく適用されないことが多いのです。

■高脂肪の食事は脂肪の蓄積につながる

脂肪から得られたカロリーや脂肪を多く含む食品は、体脂肪の蓄積を促します。これは単に、脂肪を多く含む食品は、食べ過ぎしやすいからです。ライス6カップは1200カロリーなのに対し、ドーナツを6個食べれば、1800〜2000カロリーは軽くいってしまいます。ですから、ドーナツを選ぶことは、カロリーを60％上げ

第 3 章：ダイエット

食べれば食べる程デカくなる、という話を聞きますが、
食べ過ぎは、単に体脂肪を増やすことでしかありません

るようなものなのです。

　脂肪は、炭水化物やタンパク質よりも体脂肪として蓄積されやすい傾向にあります。タンパク質は、脂肪の蓄積という観点からすれば非効率的ですし、炭水化物も、脂肪と比べれば、やはり非効率的です。100カロリーの炭水化物を取ったとすれば、そのうち最大25カロリーは、体熱として燃やされます。もちろん、残りの75カロリーは、一日の必要カロリー量が既に満たされている場合、脂肪として蓄積される可能性がありますが…。

　これに対し、脂肪を100カロリー取れば、そのうち97カロリーが脂肪として蓄積される可能性が高く、また、脂肪は消化を遅らせるので、体が脂肪をため込みやすくなるのです。

■炭水化物も脂肪の蓄積につながる恐れあり

　あなたが、"勝負に勝つための食事"というような類いの本を読んだとすれば、たぶん次のような感情を抱くことでしょう。高炭水化物、低脂肪の食事をしている限り、太ることはない…。これは間違いです。また、ボディビル界には、一日に10000カロリーの食事が筋発達につながると信じている者もいますが、これも間違いです。炭水化物も、脂肪の増加を生むことは既に述べました。
　炭水化物は、インスリンというホルモンを分泌させます。このインスリンには、二つの働きがあります。一つは、アミノ酸やグルコースを筋肉中に取り込むことです（これは良い面で、筋発達につながります）。もう一つは、グルコースを脂肪細胞に取り込むことです（これは悪い面で、脂肪の蓄積につながります）。継続して炭水化物を取ることは、脂肪蓄積のメカニズムを刺激し、グルコースを体脂肪として蓄積させるのです。
　ウェイトトレーニングを行い、筋量が増加すれば、炭水化物の需要が増し、カロリー代謝、特に炭水化物のカロリー代謝に変化が生じます。このように、炭水化物代謝が変化することにより、炭水化物が、脂肪よりも筋肉に向かいやすく（蓄積されやすく）なります。筋細胞も、脂肪細胞も、インスリンの受容器官を持っています。トレーニングを行っていない人の場合、脂肪の受容器官の方が敏感です。それゆえ、炭水化物を取り、インスリンが分泌された場合、インスリンが主に脂肪細胞に働きかけ、その結果、太ってしまうというわけです。

■筋肉におけるインスリン受容器官の感度を高める
　ボディビル

　食物が体内に取り込まれた時、インスリンは、筋肉における受容器官に働きかけます。それゆえ、筋量が多く、脂肪の少ない人ほど、筋肥大の可能性が多く、脂肪が蓄積する可能性は少ないのです。これをカロリーの分配効果と呼ぶことは、お話したかと思います。
　太っている人の場合、脂肪細胞におけるインスリンの感度が高いのに対して、筋細胞におけるインスリンの感度が低いのです。だから、太っている人が食事をした場合、カロリーは、筋肉よりも脂肪に溜め込まれやすいのです。
　脂肪の少ない人に比べて、太っている人が食事をした場合は、大量のインスリンが放出されます。大量のインスリンは、脂肪の蓄積を促す強い要因となること

を忘れないでください。

■食物繊維は減量を助ける

繊維は、消化されないためカロリーを持たず、減量に貢献してくれるものです。この食物繊維には二種類あります。一つは不溶性の繊維で、腸内に水を運びます。このタイプの繊維は、ニンジンやカリフラワー、グリーンピース、ブロッコリーなどの野菜の構造部に見られます。ブロッコリーを一カップ食べたとしても、たいしたカロリーではありません。だから、多くの人は、カロリー制限をしている時に、これらの野菜を選ぼうとするのです。

果物や豆類の中に含まれて可溶性の繊維は、消化管に水を運びます。この可溶性の繊維は、炭水化物の消化を遅らせ、糖として血中に溶け込むスピードを遅くします。もし糖が非常に早く血中に溶け込めば、大量のインスリンが放出され、カロリーは脂肪細胞に向けられます。可溶性の繊維は、炭水化物の血中への侵入を遅らせ、インスリン反応を鈍らせます。インスリンが適度に分泌された場合、カロリーは、脂肪よりもむしろ筋肉に向けられます。もちろん、一回の食事の量を増やさないことも、インスリンの分泌をコントロールするのに重要です。

また、可溶性の繊維は、もう一つおもしろい特徴を持っています。それは、筋肉におけるインスリン受容器官の感度を高めてくれるということです。このことは、インスリンが、脂肪よりも筋肉に対して働きかけることを意味します。その結果、カロリーが筋肉に向けられるようになるのです。

■運動はカロリーの分配能力を高める

カロリーを減らせば脂肪が使われる、ということを知っている人なら、動かないでじっとしていることが肥満につながることも分かるでしょう。

逆に、筋発達には何千ものカロリーが必要だと信じている人は、運動さえすれば引き締まった体が手に入ると誤解しています。僕は、一日に一時間も一時間半も有酸素運動をしていながら、ちっとも脂肪を減らせないボディビルダーをたくさん知っています。

皆さんは、炭水化物も太る原因になり得る、ということをもう知っているでしょう。覚えておいてほしいのは、正しいエクササイズを選ぶことが、カロリーの分配効果を高めるということです。

バスケットボールからウォーキングまで、どんな運動でもカロリーを燃やすこ

とができます。これらの中でも、何年か前から、有酸素運動がウェイトコントロールには最も効果的だと言われ続けてきました。しかし、これは誤りです。確かに、有酸素運動は脂肪をエネルギー源として使い、カロリーを燃やしますが、代謝は刺激しません。

ウェイトトレーニングは、体に刺激を与え、よりカロリーを燃やすようにします。これには二つの理由があります。一つには、ウェイトトレーニングが筋肉破壊とその再構築を引き起こす、ということがあげられます。再構築の過程では、多くのカロリーが必要とされるのです。また、ウェイトトレーニングを行えば、その結果として筋肉がつきます。筋量が多ければ多いほど、代謝率は高くなるのです。それに、より多くの筋肉を得ることにより、筋肉におけるインスリン受容器官が目覚め、カロリーの分配効果が高まります。そして、筋肉における受容器官が敏感になればなるほど、脂肪細胞における受容器官の感度は低くなります。ですから、食べ過ぎることなく筋肉をつけていれば、筋肉を発達させながら脂肪をエネルギーとして使うことが可能になるのです。

体内で熱を作り出すことを、サーモジェネシス（熱発生）と呼んでいますが、この熱発生には、カロリーが必要です。ですから、熱発生を促すことは、カロリーの分配効果の一つということができるでしょう。運動すること、そして食べることは、両者とも熱発生を引き起こします。ハーブエフェドラとタンパク質を多く含む食品は、交感神経系（SAS）を刺激します。この交感神経系は、熱発生の主な調整役です。肥満は、交感神経系の働きが鈍ることによって起こるという仮説さえ立てられています。高タンパクの食事は、交感神経系をある程度刺激し、カロリーを燃やすのに役立つでしょう。エフェドリンやマオウ、カフェインも、その程度は小さいですが、熱発生を促し、食欲を抑え、脂肪を分解してエネルギーを引き出すのに役立ちます。

褐色脂肪細胞（BAT）は、内臓を保護するために存在しています。我々が減らそうと躍起になっている皮下脂肪とは異なり、褐色脂肪細胞は、筋肉のように代謝がとても活発で、それゆえカロリーを必要とします。交換神経を刺激することにつながり、その結果、より多くのカロリーが消費されるようになります。

■インスリンとグルカゴンの比率を適正に保つことが脂肪の蓄積を防ぎ筋発達を促す一番の方法

タンパク質、タンパク質を多く含む食品中の脂肪、そしてエフェドリンは、グルカゴンの値を上昇させます。グルカゴンとインスリンは、シーソーのように働

きます。インスリンの値が高いと、グルカゴンの分泌が抑えられ、グルカゴンの値が高ければ、インスリンが抑えられる傾向にあります。

　グルカゴンが分泌されるのは、炭水化物の少ない食事をしたときか、タンパク質の量が多いときです。このグルカゴンの値が高ければ、脂肪の燃焼が促進されます。逆に、インスリンの値が高ければ、脂肪の蓄積につながりますが、中程度であれば、筋発達を促します。

　炭水化物のみからなる食事は、多量のインスリンを分泌させますが、この時グルカゴンは分泌されません。これは、脂肪の蓄積を強く促します。ですから、炭水化物の量をやや減らして、タンパク質を多めに取り、食事がバランスの取れたものになれば、グルカゴンが分泌され、インスリンの分泌は抑えられます。

　このように、インスリンとグルカゴンをバランスよく保てば、筋発達に必要なインスリンが分泌されると同時にグルカゴンも分泌され、脂肪を燃焼させることができるというわけです。

　ここで述べたことを要約してみると、以下のようになります。

- 食べ過ぎは、太る一番の近道です。ボディビルダーは、アナボリック状態を作り出そうとして無理に食べてはいけません。そんなことは起こり得ないからです。筋発達に必要なだけ食べましょう。脂肪を増やすためではありません。
- 炭水化物は、エネルギー源として重要ですが、取り過ぎは即、脂肪の蓄積につながります。
- 豆類のような可溶性繊維を食事に取り入れましょう。繊維は、インスリン分泌に好ましく働きます。また、不可溶性の繊維は、おなかを満たしてくれます。
- 脂肪の多い食事を取らないことが、摂取カロリーを減らす最も簡単な方法です。
- コンテスト前など、有酸素運動に時間を割くことがあるかも知れませんが、常に、筋発達を一番に考え、トレーニングしましょう。筋量が増せば、カロリーの分配効果が高まるからです。
- 熱発生やカロリーの分配効果を高めるようにしましょう。それには、ハーブを用いたり、高タンパクの食事を取ったり、極端に多くの炭水化物の摂取を避けることが大切です。毎回の食事で炭水化物とタンパク質をバランスよく取れば、インスリンとグルカゴンが理想的な比率で分泌されます。
- 一日の食事を5、6回に分けて取りましょう。そうすれば、一度に食べ過ぎる心配はないし、インスリンの値をコントロールすることができます。中程度で、継続的なインスリンの分泌が理想的です。脂肪をつけたくないのであれば、インスリンを急上昇させるようなことはやめましょう。

SESSION2
トレーニングと減量

■有酸素運動とボディビル

　僕の考えでは、筋量を増やそうとしているボディビルダーは、有酸素運動をするべきではありません。なぜなら、ウェイトトレーニングは、アナボリック状態をつくりだす運動であり、有酸素運動は、カタボリック状態（筋肉が消耗していく状態）をつくりだすからです。ウェイトトレーニングは体内でアナボリックホルモンの分泌を促し、筋発達を助けますが、有酸素運動は、このホルモンの分泌を減少させることによって、その効果を相殺してしまうのです。

　ボディビルにおける神話として、オフシーズンに有酸素運動をすれば、代謝が刺激されるということがあります。そのため、ボディビルダーはしばしば、脂肪をつけないようにと有酸素運動を行います。これは、大間違いです！　まず、有酸素運動は、皆が思っているほど多くのカロリーを燃やすわけではありません。これに対して、筋肉をつけるのが目的のウェイトトレーニングによって、体は何もしていない時ですら多くのカロリーを燃やすようになるのです。ウェイトトレーニングも有酸素運動も、行った後数時間は、代謝が高まります。しかし、異なる点は、ウェイトトレーニングは、筋肉の分解、そして再生を促すのです。ハードトレーニングにより引き起こされた回復という行為、筋肉の同化作用は、カロリーの必要性を増すのです。

　有酸素運動は、その回復過程にとってためになるとはいえません。回復には、十分なカロリー、栄養、そして休息が必要です。休息を取ろうとする体を（有酸素運動などをして）十分に休ませなければ、それは筋発達を妨害していることになります。

　それに、ボディビルダーは、ハードトレーニング中に使っているエネルギーシステムを利用することにより、力と発達を引き出しています。長年トレーニングをしているボディビルダーほど、体が効率よくグリコーゲンをため、ATPを再

合成し、乳酸を処理し、神経を強力に刺激して筋肉の収縮を高めることができるのです。

　有酸素運動は、これとはまったく異なるシステムを使います。つまり、有酸素的な反応なのです。どんなスポーツにおいても、結果をあげるのに最良のトレーニング方法は、そのスポーツで必要とされるエネルギーシステムを鍛えることで、これは、特殊性の法則と呼ばれています。誰も、世界的なスプリンターに、100メートル走の記録をのばすために10マイル走の練習をさせたりはしないでしょう。これと同じで、なぜボディビルダーが、よりすぐれたボディビルダーになるために、ウェイトリフティング以外のことをしなければならないのでしょう？

　有酸素運動はまた、異なる筋線維を使います。有酸素運動では、遅筋を使い、ボディビルでは速筋を使うのです。使えば、遅筋も発達しますが、それは速筋線維を犠牲にしてのことです。

　それぞれの筋肉は、遅筋と速筋の両方からできています。速筋線維の中にも2種類あって、タイプⅡaとタイプⅡbです。このうち、Ⅱb線維がウェイトトレーニングに反応して大きくなっていくのです。Ⅱa線維は、有酸素運動にもウェイトトレーニングにも反応します。もし、有酸素運動もウェイトトレーニングも行えば、両方に反応するⅡa線維は、ウェイトトレーニングを好まなくなってしまいます。このように、オフシーズンに有酸素運動をウェイトトレーニングと組み合わせて行えば、変化しやすいⅡa線維が有酸素運動に適応し、Ⅱb線維の特徴を奪ってしまうことによって、サイズを増す妨げになってしまうというわけです。

　脂肪を減らすために有酸素運動を行う場合、段階的に量を増やしていくことをお勧めします。スタートとしては、一週間に3回、一回30分がいいでしょう。これを2週間続けてみてください。順調に脂肪が落ちているようであれば、同じプログラムを続けてみてください。もし、脂肪が落ちないようであれば、有酸素運動を一週間に4回に増やします。これで脂肪が落ちなくなったら、少しずつ量を増やしてかまいませんが、最大で、一週間に5回、一回45分にとどめるべきです。これ以上行っても、単に疲れるか、必要以上に空腹感を覚えるかのどちらかです。

■有酸素運動の限界

　体脂肪を減らし、体脂肪を継続的にコントロールできる最も良いエクササイズは、有酸素運動ではなくウェイトトレーニングです。その理由を、いくつか挙げてみましょう。

まず、エアロビクス・エクササイズは、ウェイト・コントロールするための最も良い手段として多くの人達に信じられ、愛好されています。エクササイズすることにより体に蓄積した脂肪を燃焼してくれ、何時でも何処でも簡単に行えることが有酸素運動の魅力だと思います。エアロバイクは、リビングルームやアパートにもそれほど邪魔にならずに設置することができますし、それほど高価なものでもありません。また、ウォーキングは道さえあれば、いつどこでも好きなときに行うことができます。さらに、有酸素運動は、極端な運動神経も競技能力も必要ではありません。しかし、有酸素運動は確かに脂肪を燃やしますが、継続的に体脂肪をコントロールするためには、それだけでは限界があるのです。

　僕は現在起伏のない、砂質の良い海岸沿いに住んでいて、そこは多くのウォーカーやランナーたちに愛好されています。そのビーチを、オーバーウェイトで座りがちの職についている中年の女性がウォーキング、もしくはジョギングを1時間したとすると、彼女は1時間に約500カロリー使うことができます。このウォーキング、もしくはジョギングを8カ月間毎日1時間続けたとすると、ダイエットをしないで、脂肪で何ポンド減らすことができると思いますか？

　1ポンドの脂肪は、約3500カロリーに相当します。この女性が1ポンドの脂肪を減らすためには、1日500カロリーをエアロビクス・エクササイズで今までより多く消費しますので、7日間で3500カロリー（1ポンド）、8カ月（32週間）では32ポンドの脂肪を燃やすことができる計算となります。しかし、彼女はわずか20ポンドしか減らすことができませんでした。それはなぜでしょうか？　座りがちの女性だったので、エアロビクス・エクササイズをやり始めたばかりのころは、計算どおり1時間で500カロリー消費できたと思います。しかし、同じことを毎日続けていれば、彼女のからだがその運動に適応し、500カロリー使っていたところが400カロリーしか燃やすことができなくなります。言い換えるならば500カロリー使って歩けた距離と時間が、400カロリーで同じ距離と時間歩けるようになったということです。エアロビクス・エクササイズでは、これが体が慣れ、上達して行く過程なのです。この女性が海岸を1日に1時間ウォーキング又はジョギングしたとしても、必ずしも500カロリー使われるとは限らないということです。

　有酸素運動を1時間行うことは、皆さんが期待している結果を早く導いてはくれません。その結果、さらにエアロビクス・エクササイズをする時間を増やしたり、摂取カロリーを減らそうとします。しかし、摂取カロリーを減らすことも、エアロビクス・エクササイズと同じことが言えるでしょう。初めは脂肪を燃料として使いますが、ある一定期間を過ぎてしまうと、体重の減少が遅くなるか又は

ストップしてしまいます。これも、体がカロリーを減らした状態に適応したと言えます。そこで、さらに厳しいカロリー制限をしたとしても結果は先程と同じであり、逆にメタボリズム低下させてしまいます。有酸素運動を指示する者たちは、心拍数を上げることでインテンシティーを高めると主張しますが、そうすることで確かに消費カロリーを増やすことはできます。しかし、すぐにそのカロリーに体が適応し、脂肪の減少が遅くなるか、ストップしてしまうのです。

　継続的に脂肪を減らすことのできる方法は、ウェイトトレーニングです。ハードで正しいトレーニングは、筋肉を築きます。筋肉は代謝率を上げ、代謝が速いことは、それだけ多くのカロリーを燃やすことができます。極端な有酸素運動で消費カロリーを上げることよりも、筋量を増やすことのほうが脂肪の少ない体を維持できるのです。ウェイトトレーニングはまた、筋肉を痛め付けます。一度痛め付けられた筋肉は、修復しなければなりません。その修復する過程においても（アナボリズム）、カロリーは必要とされます。その筋肉の修復に使われるカロリーのいくらかは、体に蓄えられた脂肪から使われます。

　有酸素運動とダイエットは、体に蓄えられた脂肪を減らすことにより、体脂肪率を低くすることができます。ウェイトトレーニングは、体に蓄えられた脂肪を減らし、さらに筋肉をつけることにより、体脂肪率を低くすることができます。同じ体脂肪率の人でも、筋量の多い人と少ない人とでは、多い人のほうが多くのカロリーを消費することができ、それだけ体脂肪率をコントロールしやすいと言えるでしょう。

　今、毎日海岸をウォーキングしている女性が、100ポンド（45kg）の筋肉と20ポンド（9kg）の脂肪を身につけているとしましょう。その女性がウェイトトレーニングをし、筋肉をつけたならば、体脂肪率は低くなります。例えば1年間ハードなトレーニングを積み、10ポンド（約4．5kg）の筋肉を得たとすると、筋量が110ポンド（49．5kg）で脂肪は20ポンド（9kg）で体脂肪率は低くなります。たとえ、もし10ポンドの筋肉をつけたのと同時に3ポンドの脂肪がついてしまったとしても、トレーニングを始めたころの体脂肪率よりも低い割合となるでしょう。

　覚えておいてほしいポイントは、ウェイトトレーニングは継続的に脂肪をコントロールできる最も優れた方法だということです。そのウェイトトレーニングにエアロビクス・エクササイズを多少加えることにより、さらに脂肪を落とす事ができるのであり、エアロビクス・エクササイズだけでは限界があります。

　ここで、わたしは皆さんにこう言いたいのです。皆さんが目指している脂肪のない体とはボディビルダーのような体ですか？　それともマラソン選手のような

体ですか？

■ボディビルのファットバーナーとしての効果

　体組成を変えていくという点で、ランニングや自転車こぎ、それにエアロビクスダンス等よりも、ボディビルの方が優れているといえるでしょう。ジムの中を見渡してみてください。エクササイズとして、ただ有酸素運動を行っている人よりも、ウェイトトレーニングを行っている人の方がしまって見えるはずです。エアロビクスは確かに脂肪を燃やしますが、それには限界があります。僕が強調したいのは、そこのところなんです。

　今まで何の運動もしていなかった人が、軽いジョギングを始めたとします。一日に30分。これで最大300カロリーを燃やすことができます。徐々に時間を延ばしていき、最終的にこの人は一日60分行うことにしました。これで約600カロリーを燃やすことができます。ただこれだけで、特に食事を変えなくても体脂肪率は落ちて行きますが、やがて、本来備わった"遺伝的に決められた点"に達すると、横ばいになります。この"遺伝的に決められた点"というのは、人がこれ以上は脂肪を減らせない、という点のことです（有酸素運動しか行っていない）。男性の場合、それは体脂肪率12〜15％の間です。女性の場合は、これより高めで、17〜22％です。どんなに有酸素運動を続けても、体脂肪率をこれより低くすることは至難の業です。体が有酸素運動に適応し、エネルギーをセーブする方向に働くからです。

　先程お話した例に戻りますと、この人が同じ運動を数カ月続ければ、以前は600カロリー燃やすことができたところが、480カロリーしか燃やすことができなくなります。というのも、彼の体がこのエアロビクス運動に適応しようとした結果、60分をもっと効率よく走れるようになるわけです。体は60分で480カロリーしか使わないようになり、もっと長く、遠くまで走れるようエネルギーがセーブされるわけです。これが有酸素運動において体が慣れ、上達していく過程なのです。

　同じことが減量についてもいえます。摂取カロリーを減らすと、はじめ体は燃料として脂肪を使います。しかし、ほとんどの減量経験者が知っているように、ある一定の期間が過ぎると、体重の減少が遅くなるか、ストップしてしまいます。これは、カロリーの消費率を落とすことにより、体がカロリー不足の状態に適応しようとしているからです。ここで、仮に食べる量をもっと減らしても、体重の減少はやはり遅くなります。このことは、有酸素運動についても当てはまり、た

とえ運動し続けたとしても、脂肪の減少は遅くなるかストップしてしまうのです。
　この問題に対するたった一つの打開策が、ボディビルディングなのです。ボディビルは、筋肉を作ります。筋肉の量が多いほど、使われるカロリーも多くなるのです。さて、これから、ボディビルディングが最も優れたファットバーナーだという理由を幾つか述べていこうと思います。

◎ボディビルは筋肉を作る
　筋肉は代謝が活発です。筋量が多ければ、たとえ何もしなくとも、消費カロリーが多くなります。これとは逆に、脂肪は代謝が鈍く、体のカロリー燃焼率を落とします。

◎ボディビルは脂肪に対する筋肉の割合を変える
　脂肪に対する筋肉の割合とは、文字通り、脂肪に対する筋肉の量のことです。筋量が多ければ、これだけ代謝も速くなるということを思い出してください。筋量が80kgの人は、70kgの人よりもより多くのカロリーを必要とします。これとは反対に、脂肪の量が多ければ、代謝に悪影響を及ぼします。脂肪は代謝を遅らせるので、筋量が80kgで体脂肪率14％の人は、同じく筋量が80kgで体脂肪率10％の

筋肉の量が多い人ほど、消費カロリーは多くなる

人よりも代謝が遅いのです。このように、同じ筋量でも、脂肪の量が少ない人の方が、脂肪の量が多い人よりも、多くのカロリーを燃やすことができるのです。

◎ボディビルは脂肪よりも筋肉にカロリーが行きやすい状態をつくる

　皆さんが取ったカロリーの行き場所は二つあります。筋肉か脂肪に蓄えられるのです。筋量が多く脂肪の量が少ない人の場合、摂取されたカロリーが筋肉に行きやすい傾向にあります。しかし、脂肪の量が多く、筋量が少ない人の場合は、その逆です。つまり、食べたものが脂肪として蓄積されやすい傾向にあるのです。このように、筋量が多く、脂肪の量が少ない状態は、こういったカロリーの分配効果を生むのです。というのは、酸素的、ホルモン的な変化が起こり、筋肉にカロリーが蓄積されやすくなるからです。この分配効果はまた、脂肪の分解につながります。以上の結果として、脂肪が減る一方、筋肉は増えるのです。

◎ボディビルはインスリンの機能を高める

　インスリンは、炭水化物やタンパク質を取ったときに分泌されるホルモンで、筋肉と脂肪の両方の形成に関わります。これは、筋肉にも、脂肪にも、インスリンの受容器官があるからです。脂肪の多い人は、脂肪細胞にある受容器官が非常に敏感です。つまり、炭水化物をとったときに分泌されたインスリンが脂肪細胞を刺激し、これらの炭水化物を脂肪として蓄えるようにするのです。ここで、ボディビルは筋肉を作るのだということを考えてください。大きな筋肉、特にウェイトトレーニングによって培われた筋肉のインスリンの受容器官は、非常に敏感です。ですから、ボディビルダーが何か食べたときに分泌されるインスリンは、筋肉にある受容器官を刺激するのです。そして、より多くの炭水化物がグリコーゲンとして筋肉内に蓄えられるのです。筋肉内のグリコーゲン量が多ければ、回復力は増し、持久力も高くなり、ワークアウトがよりハードなものになります。ワークアウトが充実すれば、それは結局、筋発達へとつながるのです。筋肉の量が多ければ、代謝や、脂肪に対する筋肉の割合、カロリーの分配能力が高まるだけでなく、インスリンの機能も高まるというわけです。

◎ボディビルは交感神経系を刺激する

　神経系は、交感神経系と副交感神経系の二つからなっています。このうち、交感神経系（SAS）は、体内での熱発生に関わります。体内で多くの熱が発生すればするほど、燃やされるカロリーも多くなります。脂肪の多い人は、そうでない人よりも体内での熱発生が少ない傾向にあります。逆に、筋量の多い人は、脂

肪の多い人よりも熱発生が高い傾向にあります。トレーニング、高タンパクな食事、そしてマオウのようなハーブが交感神経を刺激してくれます。

◎筋肉は脂肪の燃焼を高める
　すべての脂肪は、最終的にはカルニチンによってミトコンドリアまで運ばれ、そこで燃料として燃やされます。ミトコンドリアは、筋細胞中に存在します。ですから、筋量が多ければ多いほど、脂肪を燃焼させる能力が高くなるのです。また、ボディビルは、このカルニチンの運搬能力を高めてくれます。

◎ボディビルは成長ホルモンの分泌を高める
　成長ホルモンは、非常に短い間に集中的に分泌され、代謝を変化させます。同じだけのカロリー数が燃やされたとしても、取った食物よりも蓄積されていた体脂肪の方が多く使われるのです。これは、食事から得られたカロリーを、筋発達に使うためにとっておけるということを意味します。

◎ボディビルは甲状腺ホルモンの働きを活発にする
　甲状腺ホルモンは、カロリーの燃焼を担うホルモンです。それは血中に分泌され、筋肉中において、より効果的な形態に交換されます。ここで、筋肉の働きが活発ならば、甲状腺ホルモンをより素早くそのような効果的な形態に交換することができ、カロリーの燃焼率が最大になるというわけです。

　今まで見てきたように、有酸素運動は、それだけでは限界があります。確かに脂肪を減らすことはできますが、体型を変えることはできず、結局元の体が一回り小さくなるだけなのです。ボディビルを行えば、筋肉をつけ、体型を変えることができます。そうして得られた筋肉は、精神的にも人に自信を与えるのではないでしょうか。このように、ボディビルはただ痩せていればいい、という従来の肉体に対する考え方をすっかり変えてくれるものだと思います。

SESSION3
高脂肪ダイエット

　数あるダイエット法の中に高脂肪ダイエットというものがあります。この高脂肪ダイエットの効果とボディビルについて、これから述べて行こうと思います。

■古き時代のトレーニングとダイエット

　ボディビルダーとは、より多くの筋肉をつけ、より多くの脂肪を落とすために何かよい方法はないかと、日々探しているものです。ですから、彼らは、食事やトレーニングということになると、方針を頻繁に変えてみたりするのです。たとえば、トレーニングを例にとってみましょう。
　マッスルビーチが全盛期だった時代、ステロイドがまだ使われていなかった頃は、ベンチプレスやクリーン、デッドリフトにローイング、それにチンニングといった基本的なエクササイズで山のような筋肉を築いたものです。それが、アーノルドの出現によってボディビルのトレーニングは全く変わってしまいました。セット数は多くなり、各部位に対するエクササイズの種類と数も増えて、基本種目だけではなく、筋肉の形を整えるようなものも行われるようになったのです。当時は皆が、アーノルドのやり方がベストのトレーニング方法だと認めていました。それから、メンツァーが、ハイ・インテンシティー、ロー・ボリューム（強度は高く、量の少ない）トレーニングで、ボディビル界に革命を巻き起こしたのでした。メンツァーの方法は、どちらかといえば、マッスルビーチ全盛時代のオールドタイムなボディビルダー達が行っていたトレーニング方法に近いものです。エクササイズは少なめで、高重量を使って限界まで追い込む、これが彼のやり方です。今日のすぐれたボディビルダーの多くがメンツァーのトレーニング方法を使っています。前世界チャンピオンのドリアン・イエーツもそうです。
　このように、ボディビルのトレーニング方法は、円を描くように変遷して、元のところへ戻ってきました。
　では、ダイエットに関してはどうでしょうか。脂肪を落とすベストの方法をめ

ぐって、やはり円を描くように変遷してきたようにみえます。アーノルドやフランコ、それにザボと呼ばれた男、彼らはその当時、非常にカットがあると思われていました。体脂肪を非常に低く抑えるために彼らが行っていたのは、高タンパク、高脂肪、そして低炭水化物のダイエットでした。しかし、ここで考慮に入れておかなければならないのは、彼らは有酸素運動をしていなかったということです（今日オリンピアに出場しているボディビルダーの中には、一日2時間行う者もいます）。また、彼らは、ファットバーナー系のドラッグ、クレンブテロールやエフェドリン、合成成長ホルモン等を使っていませんでした。というのも、まだ手に入らなかったからです。このように、70年代と今とでは状況が違います。70年代に活躍したボディビルダーが、今日のよりハイレベルなコンテストに出場したらどう見えるか、想像してみてください。

■炭水化物は両頭の剣

　ドクター・アトキンスのダイエット、炭水化物をまったく取らない高脂肪の食事がポピュラーだった時期がありました。この炭水化物をまったく取らない方法を使って、何人かの運動をしない女性が多くのウェイトを、しかも短期間で落としたことを僕は知っています。このように、高脂肪ダイエットにも効果はあります。ただし、炭水化物が制限されていなければなりません。

　そして、80年代になって、高カロリー／高炭水化物ダイエットが流行し出しました。しかし、脂肪を燃やすためには、このような高炭水化物、そして極端に低脂肪のダイエットでは、遺伝的にもともと脂肪が少ないか、筋肉質の人でない限り、コンテストに出場できるようなコンディションをつくることは難しいでしょう。このダイエット方法を、僕はいいとは思いません。というのも、高炭水化物ダイエットは、多くの有酸素運動を行った場合に、はじめてカットのある筋肉を生むことができます。が、僕は有酸素運動にはあまり賛成ではないからです。なぜなら、それを行うことにより、ダイエット中のボディビルダーがひどいオーバートレーニングに陥ってしまうことがよくあるからです。

　筋量をつけるために高カロリーを取るというのは、プロのボディビルダー達に僕が教えてきた方法では決してありません。それどころか、筋量をつけようと食べ過ぎることのマイナス面は既に述べてきたように、すべてのウェイトゲイナー達を打ち負かしたと思います。それに、驚いたことに今日では、カロリーを低く抑えているウェイトゲイナー達もいます。要するに、食べ過ぎれば（特に炭水化物）太るということです。

「炭水化物を食べよ。そうすればやせられる」
「ウェイト(脂肪)が落ちないのだとしたら、炭水化物を十分食べていないからだ」
「炭水化物が燃える時に脂肪も燃える」

　この三つは、様々なボディビル誌の中の医学博士によるコラムでよく見受けられます。しかし、これらの言葉は、多かれ少なかれバカげていると言わねばなりません。炭水化物は、両頭の剣です。それは筋肉を増やす助けになりますが、気をつけなければならないのは、脂肪の蓄積にとっても非常に有効だということです。

現在主流を占めている高強度、低ボリュームのトレーニングは、元々オールドタイムなビルダーが行っていたトレーニングです

■脂肪よりもタンパク質

　脂肪の少ない体をつくり、保つのに最もよい方法は、タンパク質は多く、そして炭水化物と脂肪は少なめの食事です。炭水化物は、体内でグルコースに分解されます。グルコースはインスリンを分泌させます。インスリンとは、いわば蓄積作用をもつホルモンです。それは、筋肉や肝臓のグリコーゲン生成を促進し、脂肪の分解を抑えるので、脂肪を蓄積させるのです。

　インスリンはまた、グルカゴンを抑制します。グルカゴンとは、インスリンの逆の作用をもつホルモンです。グルカゴンが分泌されると、肝臓に蓄積されていた炭水化物が、燃料として使われるために分解されます。それはまた、体内の脂肪細胞が脂肪を分解するように働きかけます。ですから、たえず脂肪を燃焼させるためには、体内にグルカゴンを浮遊させておくか、インスリンの分泌を防ぐとはいかないまでもコントロールすることが必要なのです。

　高脂肪ダイエットの提唱者達は、炭水化物を減らせば、インスリンが抑制されることによって脂肪の燃焼が始まる、と信じています。これは本当です。彼らはまた、脂肪をもっと取れば、脂肪の分解を促すグルカゴンの分泌を促進することになるので、脂肪をもっと燃やすことができると信じているのです。しかし、僕は、もっとよい方法があるのでは？　と思うのです。

　要約してみると、インスリンとグルカゴンは、互いに逆の働きをします。インスリンは脂肪の蓄積、グルカゴンは脂肪の分解を促します。両者が同時に存在することもあります。インスリンが過剰だと、間違いなく脂肪が蓄積されます。また、過剰なインスリンは、グルカゴンを圧倒し、脂肪の蓄積を促すでしょう。これは、炭水化物のみからなる食事を取った時や、炭水化物の量が多く（インスリンのレベルが高くなる）、タンパク質の量が少ない食事（グルカゴンのレベルが低くなる）を取った時に起こります。しかし、炭水化物とタンパク質の割合を変えれば、インスリンとグルカゴンの割合を変えることができます。つまり、炭水化物とタンパク質の割合を変えることにより、体が脂肪を燃料として効率よく使うようになるのです。これは、脂肪の燃焼を促すために、一日に100ｇの脂肪を飲み込むよりもマシな方法だと思いませんか。

　アトキンス博士や、その理論に賛成する者達は、飽和脂肪酸すら自由に取ってもよいとしています。しかし、それは、フリーラジカルの強力なもととなるだけでなく、筋肉細胞のインスリンに対する感受性にダメージを与え、炭水化物の代謝をめちゃくちゃにしてしまいます。

インスリンをコントロールするために炭水化物の摂取を減らすのなら、タンパク質の摂取は増やすべきです。そうすれば、グルカゴンがグリコライシスとグルコネオジェネシスを引き起こすからです。グリコライシスは、炭水化物が肝臓や筋肉に蓄えられている時に起こります。そして、燃料として使われるためにグリコーゲンが分泌されるのです。さらに蓄えられていたグリコーゲンが少なくなってくると、体はアミノ酸や体脂肪を燃料として使うことができます。アミノ酸は、新しいグルコースをつくることができるのです。それゆえ、ボディビルダーは、もっと食事からタンパク質を取る必要があるのです。そうすれば、体が、摂取されたタンパク質からグルコースをつくることができます。タンパク質が十分でなかった場合、体は筋肉を使うようになり、それを分解して、最終的には体内でグルコースとなるアミノ酸を得ようとするのです。これはカタボリック状態であり、ダイエット中の人が避けなければならないものです。

　ただ炭水化物を減らし、減らした分をタンパク質におきかえるだけで、簡単に炭水化物／タンパク質／脂肪の割合を変えることができます。脂肪の少ない赤身の肉をもっと取ることによって（チキンを取った場合も同様に）、食事内容が変わり、割合としてより多くの脂肪が摂取されることになるでしょう。脂肪を取ることを心配する人がいるかもしれませんが、これは一向にかまいません。油やバター、それに脂身の多い肉を食事に加えるのとはわけが違いますから。

　低炭水化物ダイエットを簡単に始める方法は、各食事の炭水化物を減らすことです。25％減らせば、効果が現れるでしょう。トレーニングの前後に炭水化物を80ｇ取っていたとしたら、60ｇずつに減らしてみましょう。焦らずに、少しずつ継続的に減らしていきましょう。もし、パワーが落ちたり、小さくなったように感じるようであれば、食事にタンパク質を増やしてみましょう。ただし、除脂肪体重１ポンド（約０・45kg）あたり２ｇ以上は取らないでください。

　ここまでなら下げてもいい、という炭水化物摂取量の最低ラインを示すのは数値ではなく、総カロリーにおけるパーセンテージとなります。それは、最低でも、総カロリーの25〜30％は炭水化物から取るようにしてください。しかしながら、ほとんどの人は、そこまで低く下げる必要はありません。なぜなら、炭水化物をオフシーズンの摂取量以下に減らすだけで、インスリンのレベルを下げ、インスリンとグルカゴンの割合を変えることになるので、脂肪が分解され、その蓄積を防ぐことができるようになるからです。

SESSION4
ハイカロリーダイエット

　ハイカロリーダイエットという考えは、一体どこから出てきたのでしょうか？ここ5年ほどの間に、サプルメント会社のほとんどが、何らかの超ハイカロリーなドリンクミックス（飲料に溶かして飲むパウダー状の補給食品）を生産、販売しています。これらのサプルメントを使うにしても、普通の食物で取るにしても、ハイカロリーダイエットというのは、ほとんどの人にとって不向きであると言えるでしょう。たとえ、それが、低脂肪、高複合炭水化物から成っていたとしてもです。

　しかし、ハイカロリーダイエットの恩恵を受ける人がいる、というのも事実です。例えば、ウェイトを使ったトレーニングを行っているティーンエイジャーたち。彼らは、多くのカロリーを必要としています。なぜなら、一般に新陳代謝がとても速く、ウェイトトレーニングで多量のカロリーを消費するからです。また、筋量豊富な男性ビルダーにも、通常ハイカロリーダイエットが必要です。しかしながら、月刊ボディビルディングの読者の皆さんで、除脂肪体重が225ポンド（101kg）以上ある人はおそらくいないのではないかと思われます（僕がここで筋量豊富と言っているのはこれ以上ある人のことです）。そして、最後に、外胚葉の人、又は生まれつき非常に痩せている人です。これらの人は代謝が異常に速いため、筋肉をつけるために大量のカロリーを必要とするのです。

■ハイカロリーダイエットのマイナス面

　僕がハイカロリーダイエットを試した結果はこうでした。瞬く間に脂肪が蓄積し、そして怠惰な気分になったのです。つまり、良い結果を得るどころか、マイナス面のほうが大きかったという訳です。そのマイナス面を三つ述べてみましょう。

　まず、あまりにもたくさんカロリーを取ることは、それがどんな食品であれ、脂肪を蓄積させます。特に、過剰な炭水化物は脂肪の蓄積を促すのです。2つ目

は、大食いは消化器系に負担をかけるので、消化に多くのエネルギーが必要となり、体全体が疲れ、消耗してしまいます。さらに、炭水化物には、鎮静効果のある脳内物質の分泌を促す働きがあるのです。

　最良のダイエットというのは、脂肪を増やさず、いやむしろ減らしながら、筋肉を作るものです。最悪なのは、炭水化物やカロリーを取り過ぎて、脂肪蓄積作用のある酵素やホルモンをコンスタントに働かせてしまうダイエットです。僕がハイカロリーダイエットを試してみた時には、トレーニングが悪影響を受けました。多分、常に疲労を感じていたのと、余分な脂肪がついていたせいだ思います。脂肪の蓄積は、回復、筋発達にとってマイナスです。なぜなら、それは新陳代謝を鈍らせてしまうからです。つまり、筋肉をつけるのに最も適した代謝のスピードよりも、ずっと遅くなってしまうのです。

　とは言っても、僕はハイカロリーダイエットを最初から否定してきた訳ではありません。実際、その方法をなんとか活かせないものかと考え、脂肪の蓄積を相殺するようなトレーニングを組んだ事もありました。つまり、一日に2回、一週間に6日、そして、全ての部位が週に2回は回ってくるようにしたのです。しかし、このようなやり方でも、やはり脂肪は増えてしまいましたし、その一方、筋発達は微々たるものでした。ハイカロリーダイエットの信奉者たちは、僕にこうアドバイスしました。脂肪を燃焼させるためにエアロビクスをすればいいじゃないか、と。しかし、これもさほど効果はありませんでした。それに、ただ大量のカロリーを取るためだけに、なぜ有酸素運動をしなくてはならないのでしょう。脂肪を増やさないようにと、オフシーズンにも有酸素運動を取り入れてみたのですが、効果はなく、より疲れるようになっただけでした。

■ハイカロリーダイエット理論のからくりを暴く

　ハイカロリーダイエットを広めたがっている者のほとんどが、こう主張します。「これは非常に有効な方法だ。なぜなら、ハイカロリーを取ることにより、ボディビルダーが回復と成長に必要とする全ての栄養素が満たせるからだ」

　そういうことなら、僕は食品の種類を増やした方がいいのではないかと思います（たいていのビルダーの食事は単調なものでしょう？）。そして、さらにマルチビタミンとミネラルを補ってみてはどうでしょうか。確かに、筋肉を増やすには十分なカロリーが必要ですが、それが過剰だったり、多すぎたりする場合、無駄であるだけでなく、結果的には脂肪となって蓄積されるのです（特に腹まわりに）。

ちょっとトレーニングのことを考えてみてください。あなたは一回にどのくらいトレーニングしますか。一日に1時間のトレーニングで十分な筋発達が得られると、何度も雑誌で読んだのではありませんか。ミスター・オリンピアであるドリアン・イエーツなど、たったの30分です。それなのに、なぜ一日に5000カロリーから10000カロリーも取らなければならないのでしょうか。以前、ドリアン・イエーツに、ウェイトアップのために最大どのくらいまでカロリーを増やしたことがあるか、と尋ねたところ、約4000カロリーという答えが返ってきました。多く見積もっても、5000カロリー以上取ったことは、いまだかつてないそうです。なのに彼は、その時282ポンド（127kg）もありました。

　ハイカロリーダイエット主義者たちが主張することが、もう一つあります。「ハイカロリーダイエットは代謝を上げるので、減量に入った時が楽だ。それほどカロリーを下げなくても、カットが得られる」

　さて、このからくりを暴くとしましょうか。第一に、代謝を上げると言っても、ある程度で、そんなに大きく変わりはしません。それに、この理論に従うならば、長期間にわたって、非常にゆっくりとカロリーを上げていった場合、肥満体になることなしに、一日10000カロリー取ることが理論上は可能になります。でも、実際は、そんなことはあり得ません。

　第二に、普段大食いしている人、例えば、一日に5000カロリー取っている人が3500カロリーに減らした場合、確かに多くの脂肪を減らすことはできるでしょう。しかし、5000カロリー取ることにより、増えた体重のほとんどが脂肪だったなら、これはほとんど意味がありません。超ハイカロリーダイエットによって、誤ってつけてしまった脂肪を削るために、貴重な時間を無駄に使うなんて、コンテストビルダーのすることではありません。しかし、多くのボディビルダーが犯している過ちです。それに、今日のコンテストで必要とされているレベルのカットを出すには、いずれにしても、カロリーを下げざるを得ません。たとえば、バルクアップのために5000カロリー取っていた人が、ハードに仕上げるためには、2000カロリーに落とさなくてはなりません。これは、もう飢餓状態です。普段3000カロリー取っていた者が1200カロリーに下げた場合にも同じことが言えます。

■脂肪をつけずに筋肉をつける方法

　さて、こう考えてくると、ウェイトトレーニングを行なっている我々すべてが直面している最も難しい問題に突き当たります。それは、"いかにして、脂肪をつけずに筋肉をつけるか？"ということです。運動をしないで、余分なカロリー

摂取によって体重が増えた人の場合、増えた体重の内訳は、脂肪1ポンドに対し、筋肉¼ポンドです。なぜ、筋肉も増えるのか不思議に思われるかも知れませんが、それは、増えた分の体重を支えるために起こる現象なのです。ウェイトトレーニングによって体重を増加させた人の場合は、通常、筋肉と脂肪は1対1の割合で増えます。例えば、全体で20ポンド得たとしたら、そのうち10ポンドが筋肉で、もう10ポンドは脂肪となります。これが一般の人について言えることです。しかし、ボディビル雑誌を開けば特集されているような人、つまり、遺伝的に恵まれた人の場合、筋肉の割合がもっと高くなります。さらに、極一握りの、チャンピオンになれるようなラッキーな人は、得た体重のほとんどが筋肉だった、なんて事もあります。いずれにしても、より筋肉を多く得たいと思うなら、トレーニングとニュートリションに気を使うことです。この2つの進め方次第で、得られる筋肉と脂肪の割合は大きく変わってきますから。

　僕の経験から言えば、大部分の平均的な素質をもつボディビルダーは、除脂肪体重1ポンドあたり、1・5～2カロリーを毎日取るのが望ましいと思います。これなら、脂肪を最小限に抑えながら筋肉を得ることができます。除脂肪体重は、総体重から脂肪体重を引くことによって求められます。例えば、この原稿を書いている今、僕の体重が245ポンドです。後25ポンドほど落とせば、バリバリの状態になるでしょう。ですから、僕の除脂肪体重は、220ポンドであると見積もることができます。

　いくつか例を表で示しましたので、見てください。

　これは何を意味するかというと、例えば、除脂肪体重が180ポンド（81kg）の人が、一日に2700カロリーを消費し、脂肪をつけ過ぎる心配なしに、3600カロリーまで上げることができるということです（ただし、急激に上げないこと）。

除脂肪体重	オフシーズンの適正カロリー
220ポンド（99kg）	3300～4400カロリー
180ポンド（81kg）	2700～3600カロリー
150ポンド（67.5kg）	2250～3000カロリー
130ポンド（58.5kg）	1950～2600カロリー

大切なのは、あなたが必要としているカロリーを、毎日コンスタントに取ることです。一日に5000カロリーは取っているという男性ビルダーたちを僕は知っていますが、多分、彼らはカロリー計算を間違えているか、実は毎日5000カロリーを取っている訳ではないのではないかと思います。彼らは、このようなハイカロリーを4、5日続けた後、よく2、3日の"オフ"を取ります。この間カロリーを3000カロリーぐらいに下げるのです。結局のところ何が言いたいのかといえば、あなたが必要としているもの、量を毎日食べるということです。除脂肪体重1ポンドにつき1・5～2カロリー取るという方法を試し、それを続けてみてください。

■タンパク質の重要性

タンパク質が筋肉を作るのに大切なのは、いまさら言うまでもありません。そう、カロリーや炭水化物よりも大切だと言ってもいいでしょう。なぜなら、タンパク質は、筋肉の生成を助ける体内のホルモン全てを作るのに不可欠だからです。例えば成長ホルモン、甲状腺ホルモン、インスリンといったホルモンがこれにあたります。

筋成長を限定してしまう要因の一つに、タンパク質の吸収があげられます。つまり、体が一度に吸収・利用できるタンパク質の量には限りがあるのです。ですから、タンパク質と炭水化物を含むスモール・ミールを何度かに分けて食べるのが重要になってくる訳です。さらに、吸収を良くするために、消化されやすく、素早く吸収されるタンパク源を選びましょう。吸収が最も良いタンパク源は、プロテインパウダーと全卵です。次にくるのが、卵白、ミルク、乳製品（ただし、ラクトースに対して耐性のない人には不向き）。そして、チキンやターキー、赤身の肉といった肉類が続くのです。僕が体重を増やそうとするときは、一日に3回食事をし、それに2～3回プロテインシェイクをはさみます。ミルクや卵といったタンパク源（プロテインパウダーなんかもそうですが）は、天然のブランチド・チェーン・アミノ・アッシド（分岐鎖型アミノ酸／ロイシン、イソロイシン、バリンの3を指す）の宝庫です。このブランチド・チェーン・アミノ酸は筋肉の生成にとって欠かせないものであり、また、ヘビートレーニングの間に使われるものです。

食事のタイミングは、筋肉をつけたり、脂肪を削ったりするのに、非常に重要です。筋肉をつけるためには、一日に4～6回の食事を取るのが望ましいでしょう。5回、というのが、一番ポピュラーな回数のような気がします。その中でも、朝食と、トレーニング前の食事が、ウェイトゲインのためには最も大切です。も

ちろん、他の食事をおろそかにしていいということはありませんが。朝食をたっぷり採ることは、エネルギーの需要を満たすだけでなく、血糖値を安定させます。これが、脂肪の蓄積を防ぐと同時に、アナボリズム（同化作用）を促進し、筋肉の生産につながるのです。また、トレーニング前にも、タンパク質と多量の炭水化物を含む食事をたっぷり採ってください。そうすれば、血中に多量の糖が放出され、インスリンのレベルを上げます。何もしない状態でインスリンのレベルが高い場合は、脂肪の蓄積を招きますが、トレーニングの前であれば、それは反カタボリック的に作用するのです。つまり、筋肉が分解されるのを防いでくれるのです。筋肉が分解されるということは、ブランチド・チェーン・アミノ酸がエネルギーとして使われるということです。そう、ブランチド・チェーンが、あなたの筋肉から使われてしまうのです。しかし、トレーニング前の食事で炭水化物をたっぷり採っていれば、それがエネルギーとして使われ、ブランチド・チェーンは、それほど使われなくてすみます。また、ワークアウト前の食事は、ブランチド・チェーンも多く含むようにすべきです。そうすれば、体は、血中を流れるブランチド・チェーンを利用できるので、筋肉中のブランチド・チェーンが使われずにすみます。

ハイカロリーダイエット理論の多くが、炭水化物の必要性を強調しています。実際、一日に6000カロリーも取っているのに、タンパク質は体重1ポンド当たり1gしか取っていないというようなボディビルダーをよく見かけます（そのほとんどは男性です。女性よりも男性の方が、ハイカロリーダイエットを好む傾向にあるようです）。体重1ポンドあたり1gのタンパク質というと、例えば、体重245ポンド（110kg）のボディビルダーの場合ですと、総カロリーに占めるタンパク質の量は、15％以下ということになります。これでは、総カロリーが多いのに対し、タンパク質の量が十分ではありません。ですから、あなたの除脂肪体重に見合うだけのカロリーを取るように気を配る一方、十分なタンパク質を取ることを忘れないでください。僕がお勧めするのは、除脂肪体重1ポンド当たり、少なくとも2gのタンパク質を取ることです。これでは、なかなか筋量を得られないという人は、除脂肪体重1ポンドあたり、2・5gに増やしてみてください。

■脂肪の重要性

なぜボディビルダーは、普段の食事から脂肪を取ることを避けるのでしょう？多くの、時には過剰なくらいのカロリーを毎日取っている人々に限って脂肪の摂取に関しては神経質で、厳しく制限したりしているようです。しかし、良質の筋

第３章：ダイエット

肉をつけたいと思っているならば、むしろ脂肪をいくらか取ることをお勧めします。僕がいつも使っている食事プランは、炭水化物50％、タンパク質25％、脂肪20％というものです。僕は、3回は脂肪が含まれていない食事を取りますが（プロテインパウダーシェイク）残りの3回の食事からは脂肪を取るようにしています。この場合の脂肪は、チキンや赤身の肉、それに魚などに含まれているものです。筋肉をつけるために脂肪を取るのは、脂肪が炭水化物の血中への代謝を遅らせ、インスリンの分泌を緩和するからです。

インスリンというのは、もちろん重要な役割を担っています。それは、アミノ酸を筋肉まで運ぶために必要ですし、また、炭水化物をグリコーゲンとして筋肉内に貯蔵するのに役立ちます。しかし、一度に、あまりにも多量のインスリンが分泌されるのは良くありません。それは、脂肪の蓄積を招き、血糖値を不安定にさせます。そして、これらは筋肉の成長を妨げるのです。

最後に、これは僕の信念ですが、脂肪を燃やすには、脂肪をいくらかは取ることが必要です。もし、脂肪をほとんど取らずに、一日5000カロリー取ったとしたら、体は、取った分の炭水化物をさっさと肝臓に運ぶようになり、それらはすぐに脂肪に変わるでしょう。しかし、食事から脂肪をいくらか取れば、血中に脂肪は漂うことになり、それを体が感知します。そして、必要があれば、その脂肪のうちのいくらかは使われ、使われなかった炭水化物はグリコーゲンとして筋肉内に蓄えられます。また、タンパク質も、脂肪と同様、炭水化物の血中への侵入を緩和し、その結果、インスリンの分泌を穏やかなものにします。また、タンパク質と脂肪は、グルカゴンの分泌も、やはり緩和します。グルカゴンはインスリンと反対の働きをするホルモンで、脂肪を血液中に動員してエネルギーとして使う酵素を放出させてくれるのです。

ですから、筋肉をつけようとするならば、十分なカロリーを取ることは必要ですが、あまりにも多すぎた場合は、当然脂肪が蓄積されるということです。また、食事のプランを立てるときは、炭水化物、タンパク質、脂肪のうち、どれか一つを極端に多くしたり、少なくしたりすることのないようにしてください。

■減量中でも赤身の肉を食べよ

ほとんどのボディビルダーは、脂肪が多いということで、赤身の肉を食べるのを避ける傾向にあります。オフシーズンも体脂肪を低く保ちたい、または、コンテストに向けて脂肪を減らしたいと思っているボディビルダーは普通、脂肪を含まないタンパク源、たとえば魚や卵の白身、プロテインパウダー、それにターキ

ーやチキンの胸肉といった、ごく脂肪の少ない肉を取っているのです。しかし、多くのボディビルダーは、赤身の肉には脂肪の多いものもある一方、脂肪のごく少ないものもあるという事実を知りません。その脂肪のごく少ないものというのは、アイ・オブ・ラウンド、ラウンド、ヒレ、それにフランクステーキです。実は、アイ・オブ・ラウンドなどは、チキンの胸肉と同じくらい脂肪が少ないのです。これらの肉は、コンテスト前でも毎日取ることができます。タンパク質と、脂肪を含まない炭水化物からなる食事を一日5回食べているボディビルダーなら、たとえ、そのうちの1回の食事でT―ボーンのような脂の多い肉を250gぐらい取ったとしても、全体としては非常に低脂肪の食事をしていることになるでしょう。

　赤身の肉は、力とサイズを増すのに役立つと、ずっと信じられてきました。あのアーノルド・シュワルツネッガーも、コンテスト前には、いつも赤身の肉を食べていました。今日でも、ほとんどのプロビルダーは、同じことをしています。赤身の肉は、クレアチンを多く含んでいるのです。そう、今日ではサプルメントとしても人気のある、あのクレアチンです。赤身の肉を毎日食べれば、クレアチンを体に与えることができます。それは、力を瞬時に出し切るためのエネルギーを供給するのに必要なのです。コンテストに向けてカロリーを下げると、エネルギーレベルも明らかに下がります。ところが、クレアチンは、たとえ低カロリーのダイエット中でも、エネルギーレベルを高めることができるのです。なぜなら、それは、体の究極の燃料源＝ATPを補給することができるからです。クレアチンは、チキンや魚、卵の自身には、ほとんど含まれていません。また、サプルメント会社がクレアチンを添加しないかぎりは、プロテインパウダーにも、ほとんど含まれていません。

　また、コンテストに向けてビーフを食べないようにしているボディビルダーは、クレアチンだけではなく、アラニンも取ることができません。アラニンはアミノ酸の一種で、コンテスト前のダイエット等で体内に炭水化物が少ない場合にグルコースをつくることができるのです。もともとアラニンを多く含むビーフを食べれば、アラニンのレベルを保つのに役立ちます。食事から取るアラニンの量が少なく、しかもコンテスト前で低エネルギーのダイエットを行ったりした場合、体はすぐにアラニンを作り出そうとします。しかし、問題はここにあるのです。アラニンをつくるために、体は、それ自身の筋肉を使い、筋肉を原料としてアラニンをつくらなければなりません。これは、カタボリック、つまり筋肉が破壊されていく過程です。

SESSION5
女性とウェイトトレーニング

■ウェイトトレーニングの迷信

　多くの女性たちがウェイトトレーニングを行うと、ムキムキのマッチョになるのではないかと考えているようです。しかし、それは大きな勘違いです。筋肉をつける、という観点から言うと、女性は効率的ではありません。男性の体内には、テストステロンがあります。テストステロンとは、力の強さや筋肉のサイズを増し、脂肪の減少を助けるホルモンです。また、テストステロンは、筋肉と脂肪の割合を変えてくれます。つまり、筋量の増加を助ける一方、脂肪の増加を抑えてくれるのです。ですから、男性は元々、筋量が多く、脂肪の量が少ないのです。男性に比べると女性は、脂肪の量が多く、筋量は少ないのが普通です。しかし、ここで、筋量が多く、脂肪の量が少ない人ほど筋発達が速い、ということを思い返してみましょう。脂肪の量が非常に少ない女性なら、彼女の骨格に見合った筋量をつけることができるはずです。また、脂肪の量が少ない人、それに生まれながらに（トレーニングをする以前から）筋肉質の人は、代謝が速いはずです。筋量をたくさんつけようと思うなら、この代謝が速いことも必要条件の一つです。
　テストステロンはまた、男性を女性よりも攻撃的にします。多くの筋量をつけるためにはハードトレーニングが必要であり、ハードトレーニングを行うためには多少の攻撃性、つまりテストステロンが必要なのです。
　女性ビルダーは男性ビルダーと同じくらい大きいと思い込んでいる人が多くいますが、これは誤りです。実際は、ドリアン・イエーツが120kgでコンテストに出場しているのに対して、レンダ・マーレーは、そのほぼ半分の65kgなのですから。

■めり張りのある体を作るにも
ウェイトトレーニングが重要

　体を丈夫にし、シェイプアップしたいと思っている女性で、筋肉はそれほどほしくなくとも、真剣にウェイトトレーニングを行うことは重要です。丈夫でシェ

女性はウェイトトレーニングを行ってもそう簡単にムキムキのマッチョにはなりません

111

イプアップされた状態というのは、グッと締まった臀部、脚、腕、そしてハードで平らな腹部をした体を指すのではないでしょうか。あなたは今や、女性が筋肉をつけるのは非常に難しいということが分かったはずです。それは、偶然に起こったり、一夜にして成るものではありません。ハードトレーニングに正しい食事、それに時間をかけることが必要なのです。筋肉において生理学的な変化が引き起こされるには、それがある一定の強度を越えて刺激されなければなりません。その強度の閾値に達しないトレーニングは、時間の無駄です。

例を挙げて説明してみましょう。15kgのバーを使い、8レップスでバイセップスをトレーニングしている女性がいるとします。次のバイセップスのトレーニングで、彼女は前回と同じ重量か、もっと重いウェイトを用いなければなりません。もし、彼女が12kgしか扱わなかったとしたら、筋肉によって知覚される刺激が、前回のワークアウトよりも少ないことになります。よって、生理学的な変化は起こりません。逆に、彼女が前回よりも重いウェイトを使ったとしたら、生理学的な適応が起こり、腕はまず引き締まり、それから発達し始めるのです。しかし、腕が太くなるといって恐れることはありません。見て分かるほどのサイズの増加が起こるのは、一年以上にわたる何百回という生産的なワークアウトを経た後なのですから。

脂肪の少ない体を手に入れるための最も効果的な近道は、ウェイトトレーニングなのです。ウェイトトレーニングは、筋肉をつけると同時に、カロリーを燃やします。有酸素運動がカロリーを燃やすだけなのに対して、ウェイトトレーニングは筋肉をつけるのです。このように筋量が増えると、ただ座っていても体がより多くのカロリーを燃やすようになります。たった0・5kgの筋肉をつけるだけで、一日に30～50カロリーは多く燃やすことができるようになるのです。また、筋量が増え、脂肪が減ってくると、体がカロリーを脂肪として蓄えるよりもむしろ燃やす方向へ向かうようになります。

有酸素運動は確かにすぐれたファットバーナーですが、多くの人々（特に女性）の場合、それだけでは、ただやせる、つまり元の体型の欠点はそのままで、一回り小さくなるにすぎません。脂肪を減らす一番の方法は、ウェイトトレーニングと正しい食事によって筋肉をつけることなのです。食事からは、ハードトレーニングから回復するのに十分なだけのカロリーを取らなければなりません。しかし、もちろん取り過ぎは脂肪の蓄積につながるので注意が必要です。先程言いましたように、筋肉をつけることは、代謝のスピードを上げ、より多くのカロリーを燃やすことにつながりますし、さらに、ハードトレーニング中に使われるカロリーの消耗により脂肪が減ることもあります。

第4章
コンテストプレパレーション

SESSION 1
コンテストで勝つための10ポイント

　成功している選手なら誰でも、大きなコンテストに勝つための重要なポイントが幾つかあることを知っています。たとえば、筋肉のサイズ、シェイプ、そしてシンメトリー等です。しかし、一番大きな選手や、一番シンメトリーのよい選手がいつも優勝するとは限りません。多くの場合、最もコンディションのよい選手、つまりサイズを犠牲にすることなく厳しいカットを出しているボディビルダーが勝つのです。

　常にぴたりとピークを合わせてくるトップビルダーを3人挙げるとすれば、ショーン・レイ、マイケル・フランソワ、そしてローラ・クラベルでしょうか。この3人はみな、筋肉のサイズと張りを残しながら、極限まで絞った状態で登場します。逆に、ピークを逃してしまった選手を見たことがあるでしょうか。彼らは、コンテストの度にコンディションが違います。例えば、マイク・クインにナッサー・エル・サンバティ。彼らは、ナイト・オブ・チャンピオンのときもオリンピアのときも絞れてはいましたが、オリンピアでは小さくなっていました。しかし、常にピークを完全に合わせられる選手は、コンテスト毎によくなっているように見えるのです。

　僕は、ローラ・クラベルの夫ですし、ジェイ・カトラーのコーチでもあるので、来るべきコンテストに向けて、彼らのために戦略を練っています。この計画は、むろん彼らが筋肉を少しも減らすことなく脂肪を落とせるようなものです。皆さんも同じ方法を使って、完全なピークを作りましょう。今から僕が述べることは、男性にも女性にも、初めてコンテストに出る人からプロのボディビルダーにまで役立つことです。

■完全なピーク作りのために

①準備は早く始める
　減量を始めるのが早いほど、仕上がりがよくなります。ジェイもローラも、コ

ンテストの16週間前から減量に入ります。そのため、時間をかけてゆっくりと脂肪を落とすことができるのです。急いで脂肪を落とそうとすれば、筋肉まで失ってしまうでしょう。

　ミズ・オリンピアの１ケ月前、ローラは既に仕上がっていました。だから、コンテストまでの残りの１カ月の間に、食事の量を少しずつ増やし、有酸素運動を控えることができました。そのおかげで、コンテストの当日に、より大きく見せることができたのです。

　ジェイもコンテストの２カ月前に、ほぼ仕上がっていました。ただ、背中に少し脂肪が残っていたのですが、時間が充分あったので、余裕をもって減量を続け、背中の脂肪を取り除くことができたのです。

　このような僕の経験から言えることは、減量に時間をかけたほうが、よい仕上がりが得られるということです。多くの人は事を急ぎ過ぎます。減量を楽にするためにも、じっくりと時間をかけましょう。

②ゆっくり進める
　一番よいのは、カロリーを徐々に減らし、有酸素運動を徐々に増やしていくことです。

　カロリーを極端にカットしてしまうと、体からエネルギーが失われ、トレーニングができなくなります。また、体が（脂肪と共に）筋肉まで分解し、エネルギーとして使おうとします。

　有酸素運動も初めからたくさん行わないことです。週に３回、一回30分がスタートとしてはよいでしょう。体が脂肪をエネルギーとして使ってくれます。いきなり一週間に６日や７日は多すぎます。体に大きなショックを与えることになり、トレーニングに必要なエネルギーが失われてしまいます。

　有酸素運動はゆっくり増やし、カロリーはゆっくり減らしていく、これがコツです。

③忍耐強く
　これが、コンテスト準備全体を通しての鍵と言えるかも知れません。僕とローラがどのように減量を行っているかを例として説明してみましょう。

　ローラがダイエットと有酸素運動をコンテストの４カ月前から始めることは既にお話しました。スタートした時点では、カロリーを少しだけカットし（通常より15％少ないぐらい）、有酸素運動を始めます（週に３回、１回30分程度）。最初の一週間が過ぎたら、彼女にポーズを取ってもらい、少しでも脂肪が減っている

かどうか確かめます。もし、減っていたら、同じプログラムを続けます。つまり僕たちは、彼女に全く変化が見られなくなるまで、同じことを行うのです。ほんのちょっとした変化でも、それはそのプログラムに効果があることを意味します。変化が全く見られなくなるまで、プログラムを変えないことです。そして、彼女に変化が見られなくなったときに初めて、カロリーを減らし、有酸素運動を増やすのです。

④有酸素運動は朝行う

　脂肪を減らすことを目的として有酸素運動を行うのに一番よいのは、朝、食事を取る前です。食事、特に炭水化物により、インスリンと呼ばれるホルモンが分泌され、それは脂肪の分解を妨げます。ですから、食事を取らないことによってインスリンのレベルをコントロールすれば、脂肪を効率よく燃やすことができるのです。

トレーニングは午後か夕方早めに

⑤トレーニングは午後か夕方早めに

　なぜなら、有酸素運動を朝行った後、燃料を補給できるので、充実したワークアウトができるからです。僕はトレーニングのすぐ後に有酸素運動を行うことはお勧めできません。それは疲労を招きやすいからです。ワークアウトが長くなってしまったために体が非常に疲れると、回復しにくくなり、筋肉が張りを失い、フラットに見えてしまいます。ボディビルダーが必要としているのは、張りがあり、ビシッと締まって見える筋肉ではないでしょうか。それを可能にするのは、短いワークアウト、そして十分な休息なのです。

⑥食事は一日6回に分ける

　これは、トレーニングそのものよりも、もっと時間がかかり、計画的にそして熱心に行う必要があります。減量中に大切なことは、カロリーと栄養素を継続的に補給することです。そうすれば、常に十分な栄養が体内に存在することになり、筋量を保つことができます。また、食事の回数を増やすと、一度に食べ過ぎることがなくなります。食べ過ぎると、体がカロリーを脂肪として蓄えようとするので気をつけましょう。一日に6回食べることはまた、代謝を速くします。このように、一日に6回食事を取るか4回食事を取るかが、勝負を分かつ鍵となるのではないでしょうか。

⑦摂取カロリー

　これに関しては、以前述べたことがあると思います。脂肪がなかなか減らなくなったときに、摂取カロリーを変えてみるのはよい考えです。たとえば、毎日2400カロリー取っていて、体重に変化が見られなくなったとします。そうしたら、2400カロリーという平均を保ちながら、毎日のカロリーを上下させてみましょう。そうすれば、たいていの場合、脂肪はまた減り始めます。2日単位で調節を行ってみるのがいいかも知れません。たとえば、2日間、一日2200カロリーを続けたら、次の2日は一日2600カロリーを取れば、平均は2400カロリーとなります。

⑧脂肪燃焼効果や脂肪抑制効果のあるサプルメントを使ってみる

　ガルシニア・カンボジア（Garcinia Canbogia）は、炭水化物が脂肪として蓄積されるのを妨げる効果があります。これは、コンテストの準備を始めたその日から使ってかまいません。一日1500mgを500mgずつ3回に分けて取るとよいでしょう。3度の食事の前、それも炭水化物の量が多い食事の前に取ることをお勧めします。

L―カルニチンとクロミウムも減量の初期から使うことができます。カルニチンは、脂肪を筋細胞中のミトコンドリアと呼ばれる、脂肪が最終的に燃料として使われる場所へ運ぶ助けとなります。このカルニチンは、有酸素運動の前に取ると最も効果的でしょう。もし、あなたが有酸素運動を行わないなら、ウェイトトレーニングの前に取りましょう。一日に250mg〜500mg取ることをお勧めします。ちなみに、ローラは一日1000mgまで取ったことがあります。

　クロミウムは、インスリンの機能を整える働きがあります。それは、インスリンに対する筋肉の感度を高め、インスリンがより効果的に働くようにするのです。インスリン受容器官の感度が鈍いと、体がそれを察知し、多量のインスリンを分泌します。インスリンのレベルが高ければ、脂肪の蓄積が促されます。逆に、低ければ、脂肪の分解を促すのです。また、クロミウムは、減量中に最も不足しやすいミネラルでもあります。それゆえ、サプルメントで補う必要があるのです。200〜400mcgを一日にとってみましょう。

⑨筋肉維持効果のあるサプルメントを使ってみる
　ステージに並んだときにすばらしく見えるのは、筋量を落とすことなく脂肪を落とすことに成功したボディビルダーです。ほとんどの選手は、脂肪をかなり削っていますが、筋肉も同時に失ってしまっているのです。カロリーを制限し、有酸素運動を行うと、体は脂肪と共に筋肉を失う危険にさらされます。この減量に伴う筋肉減少を防ぐためのよい方法は、トレーニングの前後にブランチド・チェーン・アミノ・アシッド（BCAA）を取ることです。BCAAは、カロリー、特に炭水化物摂取が少ない場合、筋肉を動かすと、燃料としてすぐに使われてしまうものです。もし、減量中のボディビルダーがBCAAを取らなかった場合、体はBCAAを得ようと、筋肉を分解してしまいます。何しろ、筋肉はBCAAでできているのですから、BCAAが十分取れていないのにサプルメントを使わなかった場合、脂肪と共に筋肉を失ってしまうのです。BCAAの優れた供給源は、ウェイプロテインパウダーです。僕は、減量中はいつもトレーニングのすぐ後にウェイプロテインを使ったウェイプロテインドリンクを飲んでいます。

　OKGは、値段が高いですが、減量中のボディビルダーにとっては非常に役に立つものです。OKGは、体がBCAAを必要としているときに、BCAAを作ることができます。また、OKGは、グルタミンも生成します。グルタミンは、筋肉中で最も失われやすいアミノ酸です。減量に加え、ハードトレーニングを行った場合、筋肉はグルタミンを血中に放出し、回復を助ける免疫システムを応援しようとします。これはすばらしい働きですが、筋肉のグルタミンレベルが落ちると、

筋肉の発達はストップしてしまいます。トレーニング後に５ｇのOKGを取ることにより、体にBCAAとグルタミンを供給することができます。BCAAもグルタミンも筋肉の発達には必要で、減量中の筋肉減少を防いでくれます。

　クレアチンも減量中の筋肉減少を防ぐのに有効なものです。それは、体に、筋肉を動かすのに必要なATPの原料となるクレアチン・フォスフェイトを供給します。体の中でこのATPを作り出す食物源が炭水化物と脂肪です。それゆえ、減量中に炭水化物と脂肪を制限した場合、体内のATPレベルは低くなります。そこで、余分なカロリーを取らずにATPレベルを高く保つにはどうしたらよいでしょう。答えは、クレアチンなのです。

　最後になりましたが、クレアチン、BCAA、そしてOKGより得られるグルタミンはすべて、膨張効果を筋肉中でき起こします。この膨張により、筋肉はその大きさを失わずに保つことができるのです。

⑩炭水化物は正しいタイミングで取る
　余分な炭水化物は脂肪として体に蓄えられます。ガルシニア・カンボジアが、ある程度これを防いでくれることは先ほど述べましたが、もっと重要なことは、炭水化物を正しいときに取ることです。炭水化物が脂肪として蓄積されにくいのは、朝食と、トレーニング後の食事です。朝食は、筋肉のインスリン（炭水化物を取ったときに分泌される）に対する受容器官が最も敏感なときです。ですから、炭水化物は筋細胞中に引き込まれ、脂肪細胞へはあまり行きません。

　トレーニング後は、BCAA、グルタミン、そして蓄えられていた炭水化物は体から失われています。ですから、それらを補う意味でも、炭水化物を多めに取りましょう。トレーニング後が脂肪を増やさずに食べることができる最もよいときなのです（ただし食べ過ぎないこと）。炭水化物の種類は問いません。蓄えらえていた炭水化物がハードトレーニング（とダイエット）により空になっている場合は、（適度に食べている限り）取った炭水化物が脂肪として蓄積されることはありません。

　僕自身、コンテストに向けて減量しているとき、トレーニング後にファットフリー（無脂肪）クッキーを食べていましたが、カットを失うことはありませんでした。ローラなど、トレーニングの直後にいつもキャンディーを幾つか食べているのですが、コンテストの１週間前になるまでやめません。これらは、精神的にもちょっとしたリラックスになり、減量中に感じる渇望を軽減してくれるのではないでしょうか。

SESSION2
コンテスト前の水分カット

■利尿剤では厳しいカットは生まれない

　ボディビルダーの中には、コンテストでなるべくキレを出そうとして、余分な水分をカットするために利尿剤を使っている人がいます。しかし、ほとんどの利尿剤は体にとって有害です。利尿剤は、ひどい筋肉の痙攣や（アーノルド・クラシックでのポール・ディレットを覚えているでしょうか）、心拍の乱れ、それに血糖値の上がり下がりを引き起こすことがあるからです。それに、水分をカットするために利尿剤を使っているボディビルダーの多くは、実は水を含んでなんかいないのです。彼らは、ただ、キレて見えるほど体脂肪を落とし切っていないだけなのです。

　利尿剤には2つのタイプがあります。一つは、アルドステロンと呼ばれるホルモンを抑えるものです。このホルモンのレベルが高くなると、体はソディウム（ナトリウム）を保持しようとします。逆に、ドラッグの使用によりアルドステロン・ホルモンのレベルが低くなると、体はソディウムを体外に排出しようとします。ソディウムには、水を引きつける性質があります。ですから、ソディウムを失うと体内の水分も後を追うように失われてしまうのです。

　もう一つは、ソディウムの排出とともに、大量の水分排出を引き起こすものです。このタイプの利尿剤を使っているボディビルダーは、きちんと絞れているなら、よりハードに見せることができます。しかし、この利尿剤によるシャープさは、ほんの一時的なものです。体から水分が失われると同時に、アンチ利尿ホルモンと呼ばれる別のホルモンが分泌されるからです。このホルモンの役割は、体内に水分をとどめ、利尿剤の水分排出作用に対抗することです。ですから結果として、利尿剤の使用によりシャープなコンディションが得られたとしても、いったんアンチ利尿ホルモンが分泌されると、水分を保とうとする方向に向かうので、体はスムーズになってしまうのです。これによって生じる問題は、コンディショ

ンが予測できないということです。体は、その時々で違ったように反応します。アンチ利尿ホルモンが、利尿剤を取った2日後に分泌されることもあれば、数分後に分泌されることもあります。これが、あるコンテストではすごいカットだったのに、次のコンテストではスムーズだった、などということが起こる理由なのです。また、これが原因でピークを逃す者もいます。一日よくても、翌日はスムーズになってしまうことがあるからです。

　また利尿剤は、炭水化物を筋肉グリコーゲンとして筋肉内にたくわえる能力を抑えてしまうので、筋肉がフラットになってしまいます。それに、利尿剤は水分を排出する際、あまり選別的とはいえません。どういうことかといえば、皮下から水分が失われた場合は、よりハードに見えますが、筋肉内の水分が失われた場合は、筋肉がフラットになってしまいます。利尿剤を使用した場合、水分はしばしば、皮下と筋肉の両方から失われるからです。筋肉から水分が失われると筋肉がフラットに見えます。こういったフラットな状態では、バリバリに仕上げることはできません。なぜなら、ディフィニションをハッキリ出すには、脂肪（そして水分）の量は最小限に抑えつつも、筋肉は最大限フルな状態に保たなくてはならないからです。このように、利尿剤を使ったボディビルダーは、筋肉からも多くの水分を失うので、思ったほどハードに見えないという結果に終わることが多いのです。それゆえ、彼らの中にはハードさを出すために、さらに多くの利尿剤を使う者もいます。が、結果は悲惨なもので、コンディションはさらに悪くなるばかりです。

■水分カットは逆にウォーターリテンションを引き起こす

　水の摂取も重要な要素です。多くのボディビルダーがもっとハードに仕上げようと水の摂取を制限します。僕は、コンテストの前10日間は、もっと水を飲んでもいいのではないかと思います。それまで体が慣れているよりも多くの水を飲むことにより、アルドステロンのレベルが下がり、ソディウムと水が失われます。皮肉にも、水分の摂取を制限することにより、アルドステロンのレベルが上がり、アンチ利尿ホルモンの分泌も促進されて、ウォーター・リテンションが起こってしまうのです。

　僕の経験に基づく方法の中で一番いいと思うのは、コンテストの前、最後の2日間には、喉の渇きを満たす程度に、適度に水を飲むことです。目安としては、大柄な男性だと一日に3～4クオーツ（約2・8～3・8リットル）、比較的筋量の少ない女性だと一日に2～3クオーツ（約1・9～2・8リットル）ぐらいで

す。これ以上水を制限すると、体がアルドステロン、そしてADHというホルモンを分泌する危険があります。

アルドステロンは、塩分の排出／貯溜を支配します。水分が極端に制限されたり、慢性的に欠乏すると、このアルドステロンが分泌され、塩分が体内にとどまるようになるのです。塩分は水を引き付けますから、これは水不足に対する体の防御作用、フィードバック・メカニズムだと考えられます。

また、ADHとはアンチ利尿ホルモンのことです。これも、水分摂取が少ない場合に分泌され、その役割は水を体内にとどめておくことです。

ダイエット中長期にわたり大量の水を取っていたのに、コンテストの数日前に急にカットしてしまうと、アルドステロンやAHDが分泌されてしまいます。しかし、2日間ほどやや摂取を控えめにする程度では、これらのホルモンが激しく分泌されるということはありませんので、ご心配なく。

水分を含んでしまうのを防ぐ別の方法は、最後の2日間にトレーニングをしないことです。トレーニングを行わないことには二つの意味があります。体をリラックスさせ、グリココルティコ・ステロイドと呼ばれるカタボリック・ホルモンの分泌を抑制するのです。このホルモンはウォーター・リテンションを促進し、カーボアップの妨げになってしまうものです。中にはコンテスト当日までトレーニングする者もいますが、これは間違いです。

ボディビルダーがよく行うもう一つの誤りは、血管を浮き立たせようとして、ナイアシンを使うことです。血管は、ボディビルディングでは重要ではありません。筋肉のサイズとセパレーションが重要なのです。また、やはり血管を浮き立たせようとステージに上がる前にアルコールを飲んでいる人がいますが、同じ理由からこれには賛成できません。しかし、コンテストの前夜に6〜8オンス（約177〜236ml）程度取るならば、アルドステロン・ホルモンの分泌を少し抑えるのに役立つでしょう。

穏やかな利尿剤のように働くビタミンもあります。ビタミンCとB群は水溶性です。これらのビタミンを多めに取れば、体が余分を外に出そうとして、水分が排出されます。

SESSION3
カーボローディング

■ベストコンディションを作る

　コンテスト当日にベストの状態をつくる方法というのは、筋量を保ちながら、脂肪をできるだけ減らすことです。炭水化物の摂取をいったん減らし、再び補ってやる方法（カーボ・ディプリーティング＆ローディング／俗にいうカーボダウン＆カーボアップ）が、余分な水分を減らすのに有効だということが実証されています。しかも、利尿剤を使った時のように筋肉がフラットになってしまうということがありません。

　まず言っておかなければならないのは、このカーボ・ディプリーティング＆ローディングに伴う問題がいくつかあるということです。炭水化物を減らし過ぎ、しかも補うべき時期にしっかりと取らなかった場合、筋肉はフラットになってしまいます。また、炭水化物を取り過ぎた場合、そしてあまりにも速くカーボアップした場合、筋肉はスムーズになってしまいます。正しく行うことが大切なのです。

　理解しておいてもらいたいのは、脂肪を減らす目的で行う有酸素運動とダイエットは、カーボ・ディプレション（炭水化物減らし）の一形態です。それに、ボディビルダーなら誰でも、オフシーズンよりコンテスト前の方が炭水化物の摂取量が少ないと思います。ですから、炭水化物を減らす時期に、一般に信じられているほど厳しく制限することはないのです。なぜなら、8～12週間にわたる減量によって、すでにある程度減っているからです。そして、体の小さな人はそれだけ、炭水化物を減らす期間を短くしなければなりません。ローラ・クラベルは筋量70kgですが、炭水化物を減らすのは1日か2日です。これに対してマイク・フランソワは、3日から4日はかけます。マイクのほうが筋量が多いからです。つまり、筋量が多いということは、より多くの炭水化物がグリコーゲンとして蓄えられているということであり、これらの炭水化物を減らす（燃やす）には、より

多くの時間がかかるということです。

　炭水化物の摂取量を低くすると、今から述べるような二つのことが起こります。まず、体から余分な水分が失われるのです。炭水化物には水分を保持する性質があります。ですから、摂取する炭水化物の量が少なければ、体内の水分も少なくなるのです。また、炭水化物の摂取量が少ないと、アルドステロンのレベルも下がります。ですから、ソディウムと水も幾分失われますが、利尿剤を使った時のように激しく、コントロールできないものではありません。ゆるやかなアルドステロンの減少は普通、皮下から水分を取り去りますが、ドラッグの使用によって起こる急激なアルドステロンレベルの減少は、筋肉からも水分を失わせてしまうからです。

　次に、炭水化物の摂取量が少ないと、筋肉内で炭水化物の蓄積を促進する酵素が分泌されます。炭水化物の摂取を1～4日間減らしているボディビルダーが炭水化物を多めに取った場合、その余分な炭水化物は筋肉内に蓄えられ、張りのある筋肉を生むのです。これで、なぜカーボアップする期間が必要なのか分かりましたね。

　1日カーボダウンしたとすると、カーボアップには1日半かけなければなりません。ローラは、2日カーボダウンし、3日かけてカーボアップします。マイクは、4日カーボダウンし、6日かけてカーボアップします。

　カーボダウンは、ゆるやかに行わなくてはなりません。減らし過ぎると、筋肉を破壊し、失ってしまうことになるからです。炭水化物を減らす期間にほんの少ししか食べないで、その後の数日で元に戻せると思っているボディビルダーはたくさんいます。僕もかつてはそうでした。しかし、炭水化物を減らすといっても、それは通常より50％ほど少なくするということです。たとえば、マイクが一日に400ｇ取っていたとしたら、200ｇに減らし、それを4日続けるのです。まったく炭水化物を取らない、といったことがないようにしてください。

　カーボアップの期間は、余分に取った炭水化物が筋肉に蓄えられます。繰り返しますが、これがハードな筋肉をつくるのです。大抵のボディビルダーは通常より20％多めに炭水化物を取ればいいでしょう。25％が最大です。つまり、マイクの場合、通常400ｇの炭水化物を取り、カーボダウンの期間には200ｇに減らしていましたから、カーボアップの期間には480ｇに増やし、それを6日間続ければいいのです。また、最大で500ｇ取ってもいいことになります。

　カーボをたくさん取ったからといって、コンディションがよくなるとは限りません。多くのボディビルダーは混乱して、カーボダウン期間にあまりにも炭水化物を減らしてしまうので、カーボアップ期間にはそれを補おうとして取り過ぎた

り、あまりにも急いでカーボアップしようとします。これがウォーター・リテンション（水分貯溜）を起こすのです。

　クロミウムとバナディルが、カーボアップの期間には特に効果を発揮するでしょう。というのも、これらは、体が炭水化物を蓄える能力を増してくれるからです。コンテストの直前の週になったら、一日にクロミウム400mcgと、バナディル50mgを取ることをお勧めします。

カーボローディングは正しく行うことが大切なのです

■成功と失敗の境目

　多くのボディビルダーは、カーボローディングを行うことで、最後の週で体が劇的に変わることを期待します。より大きく、よりハードに、よりカットを出して‥‥という具合です。彼らは、まず炭水化物を制限し、それから大量に取れば、筋肉が超回復状態になり、より多くのグリコーゲンを筋肉内に詰め込むことができると信じているからです。‥‥が、果たしてその通りになるのでしょうか？　結果として3つのパターンが考えられます。週末が来る頃には、そのボディビルダーは、フラットに見えるか、水を含んでしまうか、はたまた彼らが望んだ通り岩のようにハードな状態に仕上がっているか、のいずれかです。こう考えると、いい状態で仕上がる確率は3分の1なので、そう悪くないような気がします。しかし実際問題として、その確率はもっと低くなるということを言っておかなければなりません。

　多くの人は、フラットになってしまいます。12～16週間にわたるダイエットによってグリコーゲンが慢性的に失われているので、ただでさえボディビルダーは、ややフラット気味で、グリコーゲンのレベルが低い状態にあります。その上でさらに3日間にわたって行う厳しい炭水化物制限は、彼らの目標（体内の炭水化物を減らすこと）を達成してはくれません。それどころか、すでにフラットで、半分炭水化物が枯渇した状態にあるボディビルダーは、破滅の道をたどることになります。3日間炭水化物を制限することによって、筋肉を失ってしまうのです。その後、炭水化物の摂取を増やしても、筋肉は満たされず、コンテストには間に合いません。そう、あまりにもグリコーゲンのレベルが低いからです。こうして残念ながら、フラットな仕上がりになってしまいます。フラットな筋肉は、決してハードには見えません。実際、しばしばソフトに見えてしまうのです。これが、コンテストが終わった後の日曜日や月曜日の方がよかった、なんていう話をよく聞く理由なのです。この場合、グリコーゲンの蓄積を満タンにし、筋肉をフルに、タイトに、そしてハードに見せるには、もう2日かけて炭水化物を多く取ることが必要だったわけです。

　別のパターンのカーボ・ローディングの例は、あまりにも炭水化物を減らし過ぎてしまったと感じているボディビルダーの例です。彼は自分の状態がよくないのを悟り、パニックに陥ってしまいます。そこで、すでに炭水化物が欠乏している体にさらに与えてしまったダメージを回復させようと、莫大な量の炭水化物を取り始めます。ところが、この超大量の炭水化物摂取は、炭水化物と共に水を取

り込み、ボディビルダーのディフィニションを台なしに、スムーズにしてしまうのです。このように、今まで説明してきた2パターンのボディビルダー達は、ピークを逃してしまうことになります。

　最後のパターンは、ちょうどよい時にピークを迎え、すばらしい仕上がりを見せるボディビルダーの例です。しかし、彼は多くの人によって信じられている行き当たりばったりのカーボ・ローディングの方法に従っているわけではありません。そうではなく、彼はいくつかの事柄を部分修正して行ったのです。彼は230ポンドでダイエットを始め、198ポンドまで落としてライトヘビー級に出場します。そのため、彼は自分の体がすでに炭水化物の足りない状態にあることを知っています。というのも、ダイエット中に筋肉グリコーゲンの蓄積を満タンにしておくことは不可能だからです。それゆえ、このボディビルダーは、2日間だけ炭水化物の摂取をやや減らします（決して極端にカットするのではありません）。普通は、コンテスト前の月曜日と火曜日に行うのがベストです。この2日間は、炭水化物の摂取を（最大で）50％にカットします。ですから、今までに一日300ｇ取っていたとしたら、150ｇにするわけです。200ｇでも効果があると思います。そして、その間、より多くの脂肪を取ることによってカロリーの不足を補うのです。これは、タンパク源として今まで食べていたチキンの代わりに赤身の肉を食べることや、炭水化物を減らした分を補うためにタンパク質を150ｇ多く食べることで可能です。炭水化物を減らしている間も、摂取カロリーは同じに保つことが重要です。なぜなら、その間に筋肉が失われるのを防ぐためです。そして、水曜日、木曜日、金曜日に、彼がダイエット中（カーボ減らしを行う前）に取っていたのよりも一日に100ｇ多く炭水化物を取ることにより、（取り過ぎることなしに）筋肉を満たしてやることができるのです。つまり、このボディビルダーは、最後の3日間に一日400ｇの炭水化物を取ることができるわけです。この最後の3日間にはトレーニングをしないほうがよいでしょう。というのも、トレーニングは、体が余分に取った炭水化物を利用、蓄積するのをさまたげてしまうからです。それに、トレーニングしなければ、彼がそれまでダイエット中に取っていた300ｇという炭水化物を、体にグリコーゲンとして蓄えることもできます。ですから、最後の数日間トレーニングしないことは、食べ過ぎずに筋肉を満たしてやるという点では、この間大量に食べて補おうとするよりも安全な方法だといえます。

SESSION4
サーモジェネシス効果

■サーモジェネシスと減量

　サーモジェネシス（熱発生）とは、文字通り体内で熱が発生することです。私達が取ったカロリーは、燃料として使われたり、体脂肪として蓄えられるほかに、熱として体から発散します。この熱が発生している場合、カロリーが脂肪として蓄積しにくくなりますし、既に蓄積されている体脂肪は燃えやすくなります。

　熱をもっと発生させようという試みは、コンテストに向けてカットを出そうとしているボディビルダーにとっては非常に魅力的なものです。より多く熱を発生させればさせるほど、より脂肪が減りますから。熱発生を起こす三大要素は、ハードトレーニング、食事、それにある種のハーブやドラッグです。一般に、短く

体脂肪を減らすには、熱を発散させるのも一つの方法です

ハードなエネルギーの爆発が体内で熱効果を生み出します。ですから、ボディビルは、脂肪の減少にとってもプラスなのです。私達がトレーニングをする度に、熱発生が引き起こされるからです。このことで、非常にカットのあるボディビルダーの多くが一日2回トレーニングしている、ということの説明がつくと思います。彼らは一日2回、熱発生を刺激することにより、一日に一度しかトレーニングしない選手達より多く、熱発生の効用を受けているのです。

　私達が口にする食物は、熱を発生させます。コンテスト出場を考えている選手達が脂肪の摂取を避ける理由の一つは、それが体内でわずかの熱発生しか起こさないからです。体は炭水化物を代謝する際に、より多くの熱を発生させます。タンパク質を取った場合も同様か、むしろ、さらに多くの熱を発生させます。

　また、一流のボディビルダーは皆、体脂肪のレベルを低く保つために一日5、6回に分けて食事をします。このようなパターンで食事をすれば、熱発生の効果が一日中作用することになるからです。

■サーモジェネシスを促進させるサプルメント

◆エフェドリン

　エフェドリンと、その仲間であるハーブ、マオウは、熱発生を引き起こす強力な要因となります。エフェドリンは熱を発生させますし、ノルエピネフリン(NE)の分泌を促すことにより、脂肪の燃焼に役立ちます。ノルエピネフリンは、脂肪細胞の分解要因として働きます。それは、脂肪細胞が脂肪を手放しやすい状態にするので、脂肪酸がより燃えやすくなるのです。ノルエピネフリンはまた、褐色脂肪細胞を刺激します。褐色脂肪細胞は、心臓や肺のような内臓の周囲に位置する体の内部の脂肪です。それはまた、脊椎の周りや、背中上部の肩甲骨の辺りにも見られます。褐色脂肪は、ボディビルダーがコンテスト前に必死になって落とそうとする皮下脂肪とは違います。どこがどう違うのかというと、それは代謝が活発なのです。そのため、カロリーを必要とするという点では、筋肉と似ています。ですから、ノルエピネフリンが多く分泌されれば、褐色脂肪が刺激され、脂肪が減りやすくなるというわけなのです。

　しかし、最終的には体が適応し、熱発生は落ち着きます。この問題を乗り越えるために、しばしばカフェインが、エフェドリンに加えられます。これは、エフェドリンの効果を高めるためです。しかし、また体は適応します。熱発生を抑えるために、プロスタグランジンが分泌されるからです。ここで、エフェドリンとカフェインに、アスピリンか、その仲間であるハーブ、ホワイト・ウィロー・バ

ーク（シロヤナギの樹皮）を加えることにより、一時的にですが、プロスタグランジンの抑制効果を防ぎ、熱効果を長引かせることができます。

◆ボリッジオイル
　今まで述べてきたコンビネーションに加えて、熱発生を長引かせるための次のステップは、ボリッジオイルを取ることです。ボリッジオイルとは、ルリチシャ（南ヨーロッパ原産でムラサキ科。通常は薬用もしくはサラダ用）で、ガンマ・リノレイック・アシッド（ガンマリノレイン酸／GLA）を含んでいます。GLAを500ミリグラム取れば、褐色脂肪細胞のノルエピネフリンに対する感度を高めることができます。このように、褐色脂肪細胞の感度を高めるということは、エフェドリン、カフェイン、アスピリンの組み合わせによる脂肪燃焼効果を高めることになるのです。
　GLAは、他の意味でもボディビルのよいサプルメントです。体内には多くのプロスタグランジンがあります。その中には、体にとってよいと考えられているものもありますが、悪いと考えられているものもあります。ちょうどコレステロールに、よいものと悪いものがあるのと同じことです。よいコレステロールはHDLと呼ばれ、悪いコレステロールはLDLと呼ばれています。これと同じように、GLAは、よいプロスタグランジンと考えられているもの、プロスタグランジンP—1やPGE—1の分泌を促進するのです。PGE—1は、トレーニングを行う際、筋肉の血行をよくしますし、免疫システムをサポートし、ワークアウトからの回復を最大にしてくれます。それにハードトレーニングに伴う炎症と戦ってくれますし、成長ホルモンや甲状腺ホルモンのような重要なアナボリックホルモンをつくる助けとなるのです。この２つのホルモンは、筋肉発達と正常な脂肪代謝には不可欠なものです。
　もしあなたが、カットがなかなか得られない、自分の体の熱効果を最大限引き出すことができない、と感じているのであれば、一日に２回トレーニングを行ってみましょう。それに、食事は５～６回に分け、低脂肪、高タンパクにします。さらに、エフェドリン、カフェイン、アスピリン、ボリッジオイルといったファットバーナーを組み合わせて使ってみるのもいいでしょう。

◎ 著者

クリス・アセート（Chris Aceto）

1966年12月30日生まれ／52歳／アメリカ・メイン州ポートランド出身／マサチューセッツ州・スプリングフィールドカレッジでヘルスサイエンスを専攻し、1989年に主席で卒業。以後ボディビルダーを中心にダイエットやトレーニングのアドバイザーとして活躍してきている。彼がコーチをしてきたトッププロビルダーとしては、妻のローラ・クラベル、マイケル・フランソワ、ジェイ・カトラーなどがあげられる。現在はメイン州とフロリダ州にてローラ・クラベルと共にトレーニングキャンプを開催している。また、『FLEX』、『マッスル＆フィットネス』にて執筆中。主な著書として『栄養学ハンドブック』『ダイエットは科学だ』『Championship Bodybuilding』『The Lite Lifestyle』『Everything You Need To Know About Fat Loss』等がある。

究極の筋肉を造るためのボディビルハンドブック

2024年12月10日　第9刷発行

著　者　クリス・アセート
発行者　手塚栄司
発行所　㈱体育とスポーツ出版社
　　　　〒135-0016東京都江東区東陽2-2-20 3F
　　　　ＴＥＬ　03（6660）3131
　　　　ＦＡＸ　03（6660）3132
　　　　振　替　00100-7-25587
印刷所　TOPPANクロレ株式会社

©2001　C.ACETO Printed in Japan

落丁・乱丁は小社にてお取り換えします。

ISBN978-4-88458-137-4　C3075　¥1800E